RECETAS BÁSICAS

RECETAS BÁSICAS

Recetas de Keda Black
Fotografías de Frédéric Lucano

Grijalbo

prólogo

Este libro es una selección de recetas indispensables, las básicas que nunca pasan de moda actualizadas a los gustos actuales: bistec con patatas fritas, pollo asado, sopa de calabaza, vieiras salteadas, isla flotante... Y nuevos clásicos renovados sin perder su esencia, como el tajín de conejo, la musaka light, la pasta al pesto, el crumble de calabacines, el cheesecake... Aquí tenéis 100 recetas que deberíais dominar de una vez por todas.

Para no volver a fracasar con ninguna de las recetas, un método infalible: en cada etapa crucial de la receta, una foto. Paso a paso, el misterio de la bearnesa dilucidado. Con numerosas ilustraciones, el abecé del buey a la borgoña. Mirad cómo va cuajando la mayonesa en una sucesión de fotos, el gazpacho triturado en directo o la harina que se mezcla con el huevo y luego con la leche y se convierte en la masa de crepes que se extiende en la sartén, se le da la vuelta y se come con mermelada. ¡Delicioso!

Y ya está. Para el cocinero principiante, los rudimentos, para el cocinero de domingo, más destreza culinaria, para el experimentado, nuevas ideas... ¡Todo fácil y con imágenes!

*   *índice*   *

* 1 *

clásicos

SALSAS

HUEVOS

DE TODO UN POCO

MAYONESA

4-6 PERSONAS ✳ **PREPARACIÓN**: 15 MIN

INGREDIENTES
2 yemas de huevo
1 cucharadita de sal
1 cucharadita de mostaza de Dijon, si gusta
300 ml de aceite, una mezcla de 1/3 de girasol y 2/3 de oliva
1-2 cucharaditas de zumo de limón
Pimienta de molinillo

PARA UN ALIOLI
Machacar de 2 a 5 dientes de ajo con la sal en el bol al principio, antes de poner las yemas de huevo.

PARA UNA SALSA TÁRTARA
Añadir 4-5 ramitas de perejil, 6-7 alcaparras y 4-5 pepinillos picados.

PARA UNA SALSA ROSA
Añadir unas 2 cucharadas de kétchup, un chorrito de worcestershire y un chorrito de coñac o de whisky.

1 Poner las yemas en un bol grande. Añadir la sal y la mostaza.

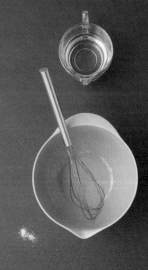

2 Mezclar con un batidor. Verter una gota de aceite, batir. Seguir gota a gota hasta que la mezcla se espese.

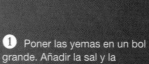

3 Cuando se ha incorporado una tercera parte del aceite, seguir vertiendo en un hilo fino, sin parar de batir.

4 Cuando la salsa esté bien espesa, sazonar con un poco de zumo de limón y pimienta.

1 Poner la yema de huevo en un bol, añadir el zumo de limón, una pizca de sal y la mostaza. Batir.

2 Añadir el aceite, primero gota a gota, batiendo.

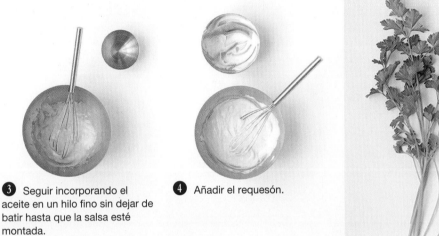

3 Seguir incorporando el aceite en un hilo fino sin dejar de batir hasta que la salsa esté montada.

4 Añadir el requesón.

5 Picar las hierbas y los pepinillos.

INGREDIENTES

1 yema de huevo
Unas gotas de zumo de limón
5 cucharadas de aceite neutro (de semillas de uva o de girasol)
1 cucharadita de mostaza

150 g de requesón o de yogur griego
5-6 pepinillos
Unas ramitas de perejil o de cebollino
Sal y pimienta

6 Añadirlas a la salsa y mezclar. ¡Ya está listo!

CONSEJO

Esta salsa puede servir para aliñar una ensalada de patatas, una hamburguesa, una ensalada de apionabo...

VINAGRETA CLÁSICA

120 ML ✳ **PREPARACIÓN**: 5 MIN

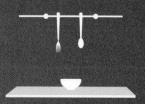

INGREDIENTES
2 cucharadas de vinagre de vino tinto
2 cucharaditas de mostaza
½ cucharadita de sal
Pimienta de molinillo
6 cucharadas de aceite de girasol o de oliva

1 En un bol, poner el vinagre, la mostaza y la sal.

2 Mezclar con una cuchara hasta que la sal se disuelva.

3 Añadir el aceite removiendo.

4 Unas vueltas de molinillo de pimienta.

CON AJO

INGREDIENTES

1 diente de ajo
½ cucharadita de sal
2 cucharadas de zumo de limón
6 cucharadas de aceite de oliva
Pimienta

PREPARACIÓN

Machacar el ajo y la sal en un mortero con la mano de mortero o con una cucharilla. Añadir el zumo de limón, el aceite de oliva y pimienta.

OPCIÓN

Añadir 1 o 2 anchoas aplastadas.

MOSTAZA Y MIEL

INGREDIENTES

6 cucharadas de aceite de oliva
1 cucharadita de mostaza
1 cucharadita de miel líquida
2-3 cucharadas de zumo de limón
Una pizca de sal
Pimienta de molinillo

PREPARACIÓN

Poner todos los ingredientes menos el aceite en un bol. Mezclar bien. Añadir el aceite poco a poco, batiendo. ¡Ya está listo!

ACOMPAÑAMIENTO

Servir esta vinagreta con una ensalada de pollo.

SALSA CÉSAR

INGREDIENTES

2 anchoas en aceite
1 yema de huevo
1 diente de ajo
1 limón
Un chorrito de salsa Worcestershire
1 cucharadita de mostaza
150 ml de aceite de oliva

PREPARACIÓN

Pelar y machacar el ajo. Picar finamente las anchoas. Exprimir el limón. Batir juntos la yema, el ajo, las anchoas, la salsa Worcestershire, la mostaza y 1 cucharada de zumo de limón. Añadir el aceite poco a poco. Se obtiene una salsa espesa pero fluida. Es el elemento indispensable de una buena ensalada César.

RAS EL-HANOUT

INGREDIENTES

2 cucharadas de vinagre de vino tinto
2 cucharaditas de mostaza
½ cucharadita de sal
Pimienta de molinillo
6 cucharadas de aceite de girasol o de oliva
¼ de cucharadita de ras el-hanout

PREPARACIÓN

Mezclar el vinagre, la mostaza, la sal y el ras el-hanout. Remover con una cuchara mientras se añade el aceite. Unas vueltas de molinillo de pimienta.

OPCIÓN

Se puede poner curry (mezcla india) en lugar de ras el-hanout (mezcla norteafricana).

BEARNESA

2 PERSONAS ✳ **PREPARACIÓN:** 5 MIN ✳ **COCCIÓN:** 10 MIN

INGREDIENTES

2 escalonias pequeñas
50 ml de vinagre de estragón o de vino blanco
4 granos de pimienta
3 ramitas de estragón
2 yemas de huevo

150 g de mantequilla muy reblandecida
Sal

PREVIAMENTE

Pelar y picar finamente las escalonias.

❶ Poner las escalonias en una cacerola pequeña con el vinagre, la pimienta y el estragón.

❷ Llevar a ebullición, dejar reducir. Retirar el estragón y los granos de pimienta.

❸ Poner las yemas de huevo en un bol pequeño dentro de un baño María a punto de hervir.

❹ Añadir el vinagre reducido a las yemas, batiendo.

❺ Añadir la mantequilla, trocito a trocito, sin dejar de batir. Cuando esté incorporada la mitad de la mantequilla, apagar el fuego.

❻ Acabar de incorporar la mantequilla fuera del fuego. La salsa tiene que quedar untuosa y espesa. Salar.

1 Poner el vinagre en un cazo con un vasito de agua. Llevar a ebullición a fuego suave.

2 Picar finamente la escalonia, ponerla en el vinagre hirviendo y dejar reducir unos minutos hasta obtener el equivalente a dos cucharadas.

3 Desechar la escalonia. Poner la pimienta en la reducción de vinagre. Poner de nuevo en el fuego, añadir la crème fraîche y la mostaza. Llevar a ebullición.

4 Dejar reducir a fuego muy suave de 2 a 3 minutos. Probar, rectificar la sal si fuera necesario.

SALSA DE PIMIENTA VERDE

2 PERSONAS ✳ **PREPARACIÓN**: 2 MIN ✳ **COCCIÓN**: 10 MIN

INGREDIENTES

2-3 cucharaditas de granos de pimienta verde en conserva
100 ml de vinagre de vino blanco

1 escalonia
200 ml de crème fraîche espesa
2 cucharaditas de mostaza de Dijon

HUEVO PASADO POR AGUA

1 PERSONA ✳ **PREPARACIÓN**: 5 MIN ✳ **COCCIÓN**: 3 MIN

INGREDIENTES

1 huevo
Mantequilla salada
Pan y pan de especias para los
barquitos

1 Poner los huevos en agua fría.

2 Llevar a ebullición y contar 3 minutos.

VARIACIÓN

Con mucha clase: virutas de mojama para acompañar el huevo y el pan.
Se puede reemplazar el pan por bastoncitos.

3 Con un golpe seco, abrir el huevo con un cuchillo.

4 Servir el huevo pasado por agua con barquitos de pan —baguete o pan de especias— untados con mantequilla.

1 Poner los huevos en agua fría.

2 Llevar a ebullición y contar 6 minutos.

INGREDIENTES

1 huevo
Flor de sal
Aceite de oliva
Espárragos cocidos (o ensalada de cardillos, puré, etc.)

3 Pasar el huevo por agua fría, quitar la cáscara.

4 Servir sobre los espárragos, con un chorrito de aceite de oliva y flor de sal.

TORTILLA CORSA

1 PERSONA ✳ **PREPARACIÓN**: 2 MIN ✳ **COCCIÓN**: 5 MIN

INGREDIENTES

3 huevos

15 g de mantequilla

2 cucharadas de brocciù (queso fresco de oveja), u otro queso fresco o cottage cheese

2 ramitas de menta

Sal y pimienta de molinillo

IDEA

Variar según los gustos los quesos y las hierbas.

① Cascar los huevos, batirlos con un tenedor y salpimentar.

② Derretir la mantequilla a fuego medio-fuerte. Cuando empiece a hacer espuma verter los huevos.

③ Cuando el fondo de la tortilla se haya cuajado, inclinar la sartén para que el huevo crudo se reparta por toda la superficie.

⑥ Servirla en un plato.

④ Añadir el queso desmenuzado y la menta sobre la tortilla.

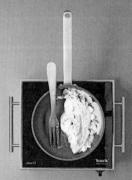

⑤ Doblar la tortilla. Apagar el fuego y dejar cocer otros 2 a 4 minutos.

1 Derretir la mantequilla en una sartén a fuego lento.

2 Romper los huevos en un cuenco, remover sin batir y salpimentar.

3 Verter los huevos en la sartén y cocerlos removiendo sin cesar con una cuchara de madera, a fuego muy lento, hasta obtener una consistencia cremosa.

4 Servir con los cebollinos picados.

HUEVOS REVUELTOS

1 PERSONA ✳ **PREPARACIÓN**: 5 MIN ✳ **COCCIÓN**: 10 MIN

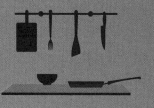

INGREDIENTES

20 g de mantequilla
4 huevos
4 ramitas de cebollinos
Sal y pimienta

IDEAS

Aderezar los huevos revueltos con salmón ahumado (o con trufa para mayor lujo), con tabasco y cilantro (para una versión mexicana)...

BECHAMEL

600 ML ✳ **PREPARACIÓN**: 2 MIN ✳ **COCCIÓN**: 15 MIN

INGREDIENTES
40 g de harina
50 g de mantequilla
600 ml de leche
Sal y pimienta de molinillo

Una pizca de nuez moscada
finamente rallada
Una nuez de mantequilla o una
cucharada de crème fraîche

1 Derretir la mantequilla lentamente en un cazo a fuego medio.

2 Fuera del fuego, añadir la harina de una sola vez.

3 Mezclar con una cuchara de madera.

6 Añadir la nuez moscada, salpimentar. Incorporar la mantequilla o la crème fraîche para obtener una salsa más sabrosa.

4 Poner de nuevo a fuego medio y añadir la leche poco a poco, primero 1 cucharada, luego 2 cucharadas a la vez.

5 Una vez incorporada toda la leche, dejar cocer la bechamel 7-8 minutos a fuego muy suave.

1 Incorporar el queso y las especias a la salsa bechamel ligeramente templada.

2 Separar las claras de las yemas.

3 Batir las yemas e incorporarlas a la salsa.

4 Batir las claras a punto de nieve bien firme.

5 Incorporar dos cucharadas de claras a punto de nieve en la salsa, batiendo. Luego agregar el resto muy delicadamente, levantando la mezcla con una cuchara grande de metal o con una espumadera.

6 Verter en el molde, hornear y dejar cocer 35 minutos. Servir de inmediato con una ensalada verde.

SUFLÉ DE QUESO

2 PERSONAS ✳ **PREPARACIÓN**: 15 MIN ✳ **COCCIÓN**: 35 MIN

INGREDIENTES
300 ml de bechamel (página 20)
Mantequilla para el molde
75 g de queso rallado: mimolette, cantal, queso de oveja...
Una pizca de semillas de alcaravea o de comino machacados (opcional)
Una pizca de pimienta de cayena
3 huevos

PREVIAMENTE
Untar con mantequilla un molde de suflé con una capacidad de 1 litro. Precalentar el horno a 190 °C.

CONSEJO
La espumadera es un utensilio muy práctico para incorporar claras a punto de nieve en una preparación, dulce o salada. Permite «cortar» la mezcla sin aplastarla.

MASA QUEBRADA

4 PERSONAS ✳ **PREPARACIÓN**: 15 MIN ✳ **REPOSO**: 1 H

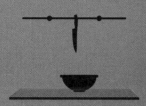

INGREDIENTES

250 g de harina
1 cucharadita de sal
125 g de mantequilla o de
mantequilla salada (en este caso
no poner sal)
Para un molde de 23 cm de diámetro

PREVIAMENTE

La masa quebrada puede prepararse
con dos días de antelación. También
se puede congelar sin problema.

1 Poner la harina, la sal y la mantequilla cortada en trozos en un bol grande.

2 Con la punta de los dedos, frotar la mantequilla con la harina y formar migas.

3 Añadir medio vaso de agua fría e incorporarla con un cuchillo.

4 La masa se amalgamará.

5 Acabar de juntar la masa con las manos, hacer una bola pero no trabajarla demasiado.

6 Poner la masa en una bolsa de plástico o envolverla con papel film y dejar reposar por lo menos 1 hora en la nevera.

1 Rehogar los trocitos de beicon en una sartén.

2 Forrar el molde con la masa y pincharla. Poner en la nevera.

QUICHE LORRAINE

4 PERSONAS ✳ **PREPARACIÓN**: 15 MIN ✳ **COCCIÓN**: 50 MIN

INGREDIENTES

Una masa quebrada
150 g de beicon ahumado
4 huevos grandes
300 ml de nata líquida (entera o ligera)
1 pizca de nuez moscada
Sal y pimienta
Mantequilla para el molde

PREVIAMENTE

Untar el molde con mantequilla, precalentar el horno a 180 °C. Cortar en trocitos el beicon ahumado.

3 Echar el beicon en el molde sobre la masa.

4 Mezclar los huevos, la nata, la nuez moscada, y salpimentar.

5 Verter esta mezcla en el molde, sobre el beicon.

6 Hornear de 35 a 40 minutos, para que se dore por arriba.

ENSALADA MUY VERDE

4 PERSONAS ✳ **PREPARACIÓN**: 15 MIN

① Cortar la base de la ensalada, retirar y desechar las hojas estropeadas, separar las hojas sanas y ponerlas en agua fría.

INGREDIENTES

1 ensalada al gusto: hoja de roble verde, lechuga
4 ramitas de albahaca picadas
4 ramitas de perejil picadas
4 ramitas de eneldo picadas
4 ramitas de menta picadas
4 cebolletas, con la parte verde, picadas

½ manojo de perifollo picado
Vinagreta

PERSONALIZAR LA VINAGRETA

Por ejemplo, un poco de crème fraîche para una lechuga romana, queso azul chafado para una escarola rizada, aceite de nueces para una escarola...

② Escurrir y bañarlas otra vez. No dejar en remojo la lechuga en el agua. Centrifugar.

③ Romper las hojas y ponerlas en una ensaladera.

④ Aliñar con una vinagreta y remover. Añadir las hierbas y las cebolletas picadas. Remover de nuevo y servir.

PIZZA MARGARITA

2 PERSONAS ✱ **PREPARACIÓN**: 10 MIN ✱ **COCCIÓN**: 15 MIN

1 Estirar la masa con el rodillo o con las manos sobre la encimera enharinada. Si se encoge, dejarla reposar un rato antes de pasar de nuevo el rodillo para estirarla más.

2 Poner la masa sobre una placa de horno. Extender la salsa de tomate.

INGREDIENTES

400 g de masa para pan comprada en una buena panadería
250 g de mozzarella de búfala
4 ramitas de albahaca
250 ml de salsa de tomate (página 34)

PREVIAMENTE

Precalentar el horno al máximo. Reservar la masa en la nevera, pero sacarla 1 hora antes de preparar la pizza.

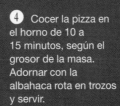

4 Cocer la pizza en el horno de 10 a 15 minutos, según el grosor de la masa. Adornar con la albahaca rota en trozos y servir.

3 Repartir la mozzarella desmenuzada por encima.

BISTEC FÁCIL

2 PERSONAS ✳ **PREPARACIÓN**: 2 MIN ✳ **COCCIÓN**: 4 MIN

INGREDIENTES

2 bistecs de 1 cm de grosor,
de unos 200 g cada uno
1 cucharada de aceite de oliva
Sal y pimienta

PREVIAMENTE

Untar ligeramente con aceite los
bistecs. Espolvorear con pimienta.

COCCIÓN POCO HECHO

La carne debe ceder ligeramente a la
presión del dedo, o se puede cortar
para comprobar que el interior está
a nuestro gusto.

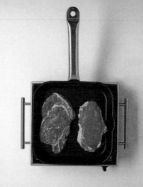

1 Calentar una plancha de
fondo grueso con un poco
de aceite. Poner los bistecs
presionando con una espátula.

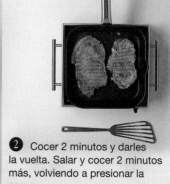

2 Cocer 2 minutos y darles
la vuelta. Salar y cocer 2 minutos
más, volviendo a presionar la
carne.

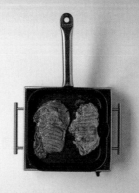

3 Comprobar la cocción.
Poner la carne en un plato.

4 Poner de nuevo la plancha
en el fuego, añadir medio vaso de
agua.

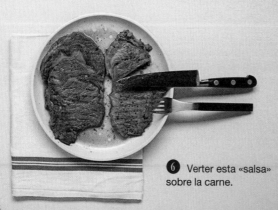

6 Verter esta «salsa»
sobre la carne.

5 Raspar los jugos, dejar hervir el agua y que se evapore un poco.

① Pelar las patatas.

② Cortarlas en bastoncitos de 1 cm de grosor aproximadamente.

③ Ponerlas en un bol grande con agua fría para evitar que se oxiden.

④ Secar las patatas con papel absorbente. Ponerlas en la cesta y sumergirlas lentamente en el aceite.

⑤ Dejar freír 5 minutos. No cargar demasiado la freidora, hacerlo por tandas.

PATATAS FRITAS

2 PERSONAS ✻ **PREPARACIÓN**: 15 MIN ✻ **COCCIÓN**: 10 MIN

INGREDIENTES

4 patatas grandes para freír o para hacer puré, como bintje o BF 15
2 l de aceite vegetal para fritura

CON LA FREIDORA

Retirar la cesta de la freidora. Calentar el aceite hasta que la temperatura alcance los 150 °C.

TEST

Sumergir una patata en el aceite, no debe hundirse sino flotar y hacer burbujas.

⑥ Poner de nuevo las patatas 3-4 minutos para que se doren. Escurrir sobre papel absorbente, salar y comer.

FALSOS NUGGETS CASEROS

2 PERSONAS ✳ **PREPARACIÓN**: 30 MIN ✳ **COCCIÓN**: 10 MIN ✳ **REPOSO**: 1 H

① Cortar el pollo en trozos del tamaño de los nuggets. Mezclarlos con 1 cucharadita de ralladura de limón, 2 cucharaditas de zumo de limón, la mitad del ajo rallado, 2 cucharaditas de aceite neutro y un poco de pimentón. Dejar marinar de 5 minutos a 24 horas.

② Triturar los biscotes para obtener pan rallado.

③ Mezclar el pan rallado, la harina, el resto del pimentón y salpimentar. Añadir el parmesano rallado.

④ Cascar los huevos, batirlos. Poner el pan rallado en un plato. Pasar el pollo por el huevo y luego por el pan rallado. Repetir una vez más.

⑤ Calentar el aceite restante. Dorar los nuggets sin poner muchos a la vez. Bajar un poco el fuego para acabar la cocción, unos 4-5 minutos. Escurrir.

INGREDIENTES

3 pechugas de pollo
150 g de biscotes
3 huevos
20 g de parmesano (opcional)
1 cucharadita de pimentón dulce
1 cucharada de harina

125 g de yogur
1 diente de ajo
1 limón
Una pizca de orégano seco
4 cucharadas de aceite neutro
1 cucharadita de aceite de oliva
Sal y pimienta

⑦ Servir los nuggets con la salsa blanca y, si se desea, con kétchup casero. Acompañar con una ensalada.

⑥ Para hacer la salsa, mezclar el yogur, un poco de limón y de ajo rallado, el aceite de oliva, el orégano, sal y pimienta.

1 Pelar los ajos y la cebolla. Cortar la cebolla, el pimiento y el jengibre pelado en trozos grandes.

2 Poner los tomates en un bol o en una cacerola grande y cubrirlos con agua hirviendo. Pelarlos y cortarlos con un cuchillo.

3 Poner los tomates, la cebolla, los ajos pelados y el pimiento en una sartén honda con la mitad del vinagre, la ralladura y el zumo de limón. Cocer 15 minutos a fuego medio.

4 Triturarlo todo.

5 Poner de nuevo la preparación triturada en la sartén. Añadir el resto del vinagre, el azúcar y la sal. Poner las especias en un trozo de gasa. Atar con un hilo y ponerlas en los tomates. Cocer 1 hora a fuego mínimo hasta que la salsa se haya reducido y esté espesa. Retirar las especias.

KÉTCHUP CASERO

2 BOTES DE 200 G ❊ **PREPARACIÓN**: 20 MIN ❊ **COCCIÓN**: 1 H 15

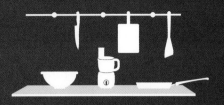

INGREDIENTES

1 kg de tomates bien maduros
1 pimiento rojo o amarillo
1 cebolla y 4 dientes de ajo
8 cucharadas de vinagre de vino tinto
90 g de azúcar
Una pizca de ralladura de limón
Un chorrito de zumo de limón
1 cucharadita colmada de sal

1 cucharadita de granos de mostaza
½ cucharada de granos de pimienta
¼ de cucharada de semillas de cilantro
½ cucharadita de clavos de olor
1 rama de canela pequeña
1 trozo de jengibre de 1 cm

6 Poner en botes esterilizados o guardar en un recipiente de plástico en la nevera. Consumir el kétchup una vez se haya enfriado.

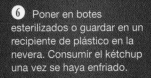

WELSH RAREBIT

2 PERSONAS ✳ **PREPARACIÓN**: 10 MIN ✳ **COCCIÓN**: 10 MIN

INGREDIENTES

200 g de cheddar, de cantal o de comté
1 cucharadita de mostaza a la antigua o clásica
30 g de mantequilla

45 ml de cerveza rubia, negra o stout pero que tenga sabor
Salsa worcestershire
1 yema de huevo
2 rebanadas de pan un poco gruesas

1 Mezclar la cerveza, la mostaza, la mantequilla y un chorrito de salsa en un cazo pequeño.

2 Añadir el queso rallado grueso, poner al fuego.

3 Derretirlo a fuego suave, remover bien. Calentar el gratinador del horno.

4 Tostar ligeramente el pan. Apagar el fuego, añadir la yema de huevo a la mezcla de queso, removiendo.

5 Verter sobre las rebanadas de pan y poner unos minutos a gratinar.

6 Vigilar que no se queme. Cuando esté bien gratinado, servir con la salsa (página 31) si se desea y una ensalada verde.

SALSA DE TOMATE Y GUINDILLA

4 PERSONAS ✳ **PREPARACIÓN**: 15 MIN ✳ **REPOSO**: 30 MIN

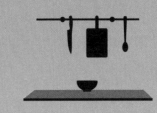

1 Pelar y picar finamente las cebolletas. Ponerlas en remojo en agua fría.

2 Cortar los tomates en daditos. Picar el cilantro. Picar un trocito de guindilla sin las semillas.

INGREDIENTES

4 tomates maduros y que tengan sabor, si es posible
2 cebolletas o 1 cebolla
1 lima
½ manojo de cilantro
1 chorrito de tequila
Un trocito de guindilla
Sal y pimienta

PREVIAMENTE

Lavar, escurrir y deshojar el cilantro.

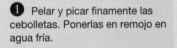

3 Juntar todos los ingredientes, escurrir las cebolletas y añadirlas.

4 Aliñar con un chorrito de zumo de limón, un chorrito de tequila, sal y pimienta. Dejar reposar por lo menos 30 minutos en la nevera para realzar todos los sabores.

— ✳ 2 ✳ —

pasta y arroz

PASTA

ARROZ

SALSA DE TOMATES CHERRY

2 PERSONAS ✳ **PREPARACIÓN**: 5 MIN ✳ **COCCIÓN**: 25 MIN

1 Calentar el aceite en una sartén. Rehogar la cebolla y el ajo a fuego medio durante 5 minutos, sin dejar que se doren.

2 Añadir los tomates, las hojas de tomillo y de albahaca, salpimentar, mezclar bien y dejar cocer destapado durante unos veinte minutos a fuego medio-suave.

3 La salsa tiene que quedar bien reducida. Probar, rectificar la sazón y añadir un poco de azúcar si fuera necesario.

PARA UNA PIPERADE

Junto con la cebolla, rehogar dos o tres pimientos rojos cortados en tiras. Al final añadir dos huevos a la salsa y cocer como los huevos revueltos para obtener una piperade.

IDEAS

Triturar la salsa si se prefiere bien lisa. La salsa sirve para todo: pasta, pizza. También es muy buena sobre rodajas de berenjenas asadas.

INGREDIENTES

1 cucharada de aceite de oliva
400 g de tomates cherry
1 cebolla picada
1 diente de ajo aplastado y finamente picado
2 ramitas de tomillo
4 ramitas de albahaca
1 cucharadita de azúcar (opcional)
1 cucharadita de mantequilla (opcional)
Sal y pimienta de molinillo

SUGERENCIA

Con los tomates cherry se obtiene una salsa interesante con más textura y a menudo más sabor. Pero también se pueden utilizar tomates grandes para una salsa más untuosa.

1 Calentar el aceite en una sartén. Rehogar las cebollas y el ajo a fuego medio durante 5 minutos, sin dejar que se doren.

2 Añadir los trozos de tocino o de beicon y dorar.

3 Añadir la carne.

4 Remover la carne con una cuchara de madera para que se dore todo bien.

5 Añadir los tomates de lata, el concentrado y las hojas de albahaca. Salpimentar y mezclar bien. Tapar y cocer a fuego lento durante 20 minutos.

BOLOÑESA RÁPIDA

4 PERSONAS ✳ **PREPARACIÓN**: 5 MIN ✳ **COCCIÓN**: 30 MIN

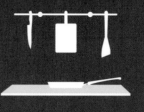

INGREDIENTES

1 cucharada de aceite de oliva

2 cebollas

1 diente de ajo

250 g de carne de ternera picada

450 g de tomate triturado en lata

100 g de pacenta ahumada cortada en trozos pequeños

2 cucharaditas de concentrado de tomate

4 ramitas de albahaca

Sal y pimienta

VARIANTES

Sustituir la carne de ternera por carne de salchicha. A los niños les encanta. Añadir un vaso de vino tinto con cuerpo al mismo tiempo que los tomates.

IDEAS

Rellenar calabacines vaciados y asados al horno durante 25 minutos (a 200 °C). Espolvorear con parmesano y hornear durante 20 minutos.

ACEITE DE HIERBAS

300 ML ✳ **PREPARACIÓN**: 20 MIN ✳ **COCCIÓN**: 15 S ✳ **REPOSO**: 24 H

1 Sumergir las hierbas lavadas en una cacerola de agua hirviendo con sal, retirarlas al cabo de 15 segundos, pasarlas por agua helada y escurrirlas.

2 Secar las hierbas cuidadosamente con un paño.

INGREDIENTES

1 manojo de cebollino
½ manojo de perejil, solo las hojas
1 manojo de berros, solo las hojas
4 cucharadas de aceite de oliva
250 ml de aceite de colza
Sal

VARIANTE

Sustituir los berros por rúcula o hacer un aceite solo de perejil.

4 Pasarlas por un colador fino y guardar en la nevera. Dejar reposar 24 horas.

3 Triturarlas en un robot con el aceite de 3 a 4 minutos.

PESTO CLÁSICO

4 PERSONAS ✳ PREPARACIÓN: 15 MIN ✳ COCCIÓN: 3 MIN

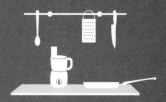

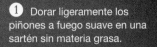

① Dorar ligeramente los piñones a fuego suave en una sartén sin materia grasa.

② Triturar en el robot todos los ingredientes excepto el parmesano.

INGREDIENTES

100 g de albahaca (unos 4 manojos)

2 cucharadas de piñones

75 ml de aceite de oliva o un poco más

25 g de parmesano

2 dientes de ajo y sal

PREVIAMENTE

Lavar, escurrir y deshojar la albahaca. Rallar el parmesano.

CONSEJO

Si es posible, poner la cuchilla del robot en el congelador unas horas antes.

③ Añadir el queso y mezclar con una cuchara o un tenedor.

④ Probar, salar si fuera necesario y aclarar con un poco de aceite si se desea. ¡Ya está listo!

ESPAGUETIS CON SALSA DE TOMATE

2 PERSONAS ✳ **PREPARACIÓN**: 5 MIN ✳ **COCCIÓN**: 10 MIN

INGREDIENTES

200 a 300 g de salsa de tomate
(o salsa boloñesa)
200 g de pasta (o más o menos,
según el apetito)
Parmesano rallado para servir
Sal

❶ Hervir agua en una olla grande, calcular 1 litro de agua para 100 g de pasta. Salar generosamente.

❷ Cuando el agua hierva a borbotones, echar la pasta.

❸ Cocer a fuego vivo. Uno o dos minutos antes del tiempo indicado en el paquete, probarla para comprobar la cocción.

❹ Cuando la pasta esté al dente, escurrir.

❺ Mezclar con la salsa.

❻ Servir con parmesano.

PASTA AL LIMÓN

4 PERSONAS ✳ **PREPARACIÓN**: 5 MIN ✳ **COCCIÓN**: 15 MIN

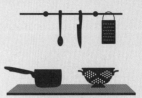

1 Rallar la piel del limón. Exprimir el zumo y medir 2 cucharadas.

INGREDIENTES

400 g de pasta corta
1 limón
200 ml de nata líquida (entera o ligera)

50 g de mantequilla salada
60 g de parmesano
Sal y pimienta recién molida

2 Cocer la pasta.

3 Derretir la mantequilla a fuego lento en un cazo. Añadir la nata líquida y salpimentar. Agregar la ralladura y el zumo de limón. Llevar lentamente a ebullición y cocer durante 2 minutos.

4 Mezclar la pasta con la salsa y servir con el parmesano, rallado o en virutas.

LASAÑA DE CALABAZA Y ESPINACAS

4 PERSONAS ✳ **PREPARACIÓN**: 30 MIN ✳ **COCCIÓN**: 1 H 30

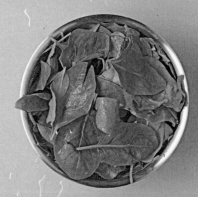

2 Mientras tanto, lavar las espinacas. Quitar los tallos y desechar las estropeadas.

INGREDIENTES

250 g de lasaña precocida
2 calabazas pequeñas lavadas
500 g de espinacas tiernas
200 g de ricotta y 40 g de parmesano
500 ml de salsa de tomate casera
(página 34) o de bote

300 ml de bechamel (página 20)
40 g de mantequilla
Una pizca de pimienta de cayena
Sal y pimienta

PREVIAMENTE

Precalentar el horno a 200 °C.

3 Ponerlas en una sartén a fuego medio con la mitad de la mantequilla, sal y guindilla.

4 Tapar y dejar ablandar las espinacas 5 minutos.

1 Poner las calabazas en el horno durante 40-50 minutos.

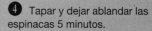

5 Sacar las calabazas del horno, cortarlas por la mitad. Eliminar las semillas.

6 Retirar la pulpa. Sazonar. Bajar el horno a 180 °C.

7 Untar con mantequilla una fuente rectangular. Poner una capa de lasaña en el fondo.

8 Cubrir con una capa de puré de calabaza, luego otra de espinacas.

9 Seguir con la salsa de tomate y la ricotta desmenuzada.

10 Poner una segunda capa de lasaña, otra de calabaza, de espinacas y de ricotta. Acabar con una capa de lasaña, verter la bechamel y espolvorear con virutas de parmesano. Cocer en el horno 30 minutos.

INFORMACIÓN

La butternut es una calabaza alargada, con una base abombada, de color cáscara de huevo por fuera y naranja por dentro. No se encuentra siempre.

CONSERVACIÓN

Este plato se puede congelar sin problema.

TALLARINES PAD THAI

2 PERSONAS ✳ **PREPARACIÓN**: 20 MIN ✳ **COCCIÓN**: 5 MIN

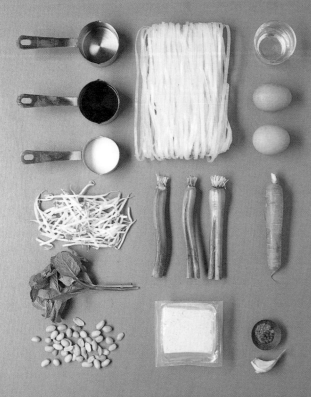

② Cubrir los tallarines con agua fría, dejar en remojo 10 minutos y escurrir.

③ Tostar los cacahuetes en una sartén caliente sin aceite, sin dejar de remover hasta que se doren.

④ Una vez fríos, ponerlos en una bolsa de plástico y desmenuzarlos con una botella o con un rodillo.

INGREDIENTES

4 cucharadas de aceite vegetal
150 g de tofu y 1 diente de ajo
125 g de tallarines de soja
1 zanahoria pequeña
2 cucharadas de vinagre de arroz
chino o de vinagre blanco

2 cucharadas de salsa de soja
2 huevos
3 cucharaditas de azúcar
2 cebollas tiernas
2 cucharadas de cacahuetes
1 puñado de brotes de soja
3 ramitas de menta

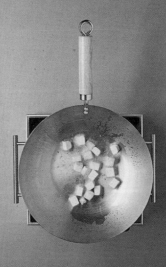

① Cortar el tofu en dados. Pelar y picar el ajo. Pelar y rallar la zanahoria. Cortar las cebollas tiernas en tiras finas.

⑤ Calentar el wok a fuego vivo. Añadir el aceite. Freír el tofu sin dejar de remover, hasta que se dore por todos lados.

⑥ Añadir el ajo, los tallarines, la zanahoria, el vinagre, la salsa de soja, el azúcar y 100 ml de agua. No dejar de remover.

7 Mover los ingredientes hacia un lado del wok. Cascar los huevos sobre el wok. Remover rompiendo las yemas para incoporarlas poco a poco a la mezcla de tallarines.

8 Cocer de 2 a 3 minutos, removiendo y sacudiendo el wok.

9 Servir en platos. Espolvorear con los cacahuetes, y colocar a un lado los brotes de soja y las hojas de menta.

SERVIR

10 Acompañar con una salsa de guindilla, si gusta.

VARIANTE

11 Sustituir el tofu por láminas finas de pollo o por camarones.

BO BUN

2 PERSONAS * **PREPARACIÓN**: 25 MIN * **COCCIÓN**: 15 MIN

2 Pelar y picar las escalonias.

3 Pelar la zanahoria. Cortarla en trozos de 3-4 cm. Limpiar el pepino, cortar en trozos de 4-5 cm y empezar a pelarlo transversalmente. Cortar el apio en trozos.

INGREDIENTES

100 g de pasta: fideos de arroz o de soja
1 zanahoria
½ bulbo de hinojo
1 rama de apio
½ pepino
1 o 2 escalonias
1 cogollo de lechuga
3 tallos de citronela
4-5 ramitas de cilantro
5-6 nems ya hechos

1 diente de ajo
1 cm de jengibre fresco
1 lima o 1 limón
2 cucharadas de azúcar moreno
2 cucharadas de salsa de soja
2 cucharadas de mirin
2 cucharadas de sake
Unos cuantos anacardos

PREVIAMENTE

Precalentar el horno a 190 °C.

4 Cortar cada trozo de zanahoria en cuatro. Acabar de cortar el pepino dando vueltas con el cuchillo alrededor del cilindro central que no utilizaremos. Picar el apio.

5 Cortar cada trozo de zanahoria en bastoncitos. Cortar las ruedas de pepino en láminas.

1 Cocer los fideos según las instrucciones del paquete. Escurrir y enjuagar con agua fría.

6 Cortar el hinojo con la mandolina y poner en agua con hielo.

7 Lavar, escurrir y deshojar el cilantro. Retirar las partes demasiado duras de la citronela y cortarla en rodajas. Lavar y cortar la lechuga muy fina.

8 Calentar los nems en el horno o en la sartén.

9 Mezclar los ingredientes de la salsa, el azúcar, el sake, el mirin, la soja, 2 cucharadas de agua, y un poco de ralladura y de zumo de limón. Añadir un poco de ajo y de jengibre rallados.

10 Tostar los anacardos 7 minutos en el gratinador del horno a 190 °C. Picarlos.

11 Aliñar los fideos con la mitad de la salsa.

12 En los boles, colocar los fideos, las verduras crudas, los nems cortados, las hierbas y los anacardos. Repartir la salsa restante.

NOTA

Se pueden variar las hierbas y las verduras al gusto de cada uno. Se puede hacer este bo bun (poco ortodoxo) más apetitoso con lonchas de ternera, de pollo o de cerdo salteadas, dados de tofu con hierbas o con trozos de libritos de lomo de cerdo rellenos de queso y jamón.

ARROZ PILAF CON ESPECIAS

2 PERSONAS ✳ **PREPARACIÓN**: 15 MIN ✳ **COCCIÓN**: 20 MIN

1 Machacar las semillas de cilantro, comino y cardamomo en un mortero (o sobre una tabla de cortar, con un tarro).

2 Calentar una sartén sin aceite a fuego vivo. Tostar las semillas machacadas en la sartén, apenas 1 minuto, el tiempo que tardan en desprender el aroma.

INGREDIENTES

200 g de arroz basmati
1 cucharada de aceite
1 cebolla
Los granos de 3 vainas de cardamomo

1 pizca de semillas de comino
1 pizca de semillas de cilantro
1 rama de canela
6-7 orejones de albaricoque picados
Sal

3 Calentar el aceite en una cazuela. Rehogar la cebolla picada durante 5 minutos a fuego medio.

4 Añadir las especias. Remover.

5 Añadir el arroz y remover bien hasta que los granos queden brillantes.

6 Verter 375 ml de agua. Añadir la rama de canela y los orejones.

7 Llevar a ebullición, añadir una pizca generosa de sal y mezclar una vez.

8 Tapar. Si no cierra herméticamente, sellar con una hoja de papel de aluminio.

9 Bajar el fuego al mínimo. Cocer durante 11 minutos sin quitar la tapa. Al final de la cocción, destapar, colocar un paño de cocina limpio sobre el arroz y dejar 5 minutos en reposoo. Después remover el arroz con un tenedor y servir.

VARIANTE

Para un arroz amarillo, añadir una pizca de hebras de azafrán en el agua caliente antes de poner la tapa. Para un arroz pilaf natural, aplicar el mismo método de cocción, pero sin las especias ni los orejones. También se puede suprimir la cebolla.

RISOTTO PRIMAVERA

2 PERSONAS ✳ **PREPARACIÓN**: 15 MIN ✳ **COCCIÓN**: 30 MIN

1 Derretir la mitad de la mantequilla en una cazuela de fondo grueso. Echar las hortalizas y cocer 2 minutos a fuego medio, removiendo. Reservar.

2 Devolver la cazuela al fuego con la mantequilla restante. Rehogar la cebolla a fuego medio durante 5 minutos. Aparte, calentar el caldo.

INGREDIENTES

50 g de mantequilla
150 g de hortalizas pequeñas cocidas (habas, guisantes, puntas de espárragos...)
1 litro de caldo de verduras o de pollo
40 g de parmesano recién rallado

1 cebolla o 2 chalotas picadas
½ vaso de vino blanco
200 g de arroz para risotto (arborio, canaroli, etc.)
1 cucharada de crème fraîche o de mascarpone (o 15 g de mantequilla) adicionales
Sal y pimienta

3 Verter el arroz y remover suavemente con una cuchara de madera para untarlo bien con mantequilla; los granos han de verse brillantes.

4 Añadir el vino y dejar que hierva hasta que el arroz absorba el líquido.

5 Añadir un cucharón de caldo y remover hasta que se absorba.

6 Añadir las hortalizas salteadas.

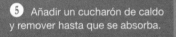

7 Añadir el resto del caldo, cucharón a cucharón, removiendo cada vez hasta que se absorba. Contar entre 15 y 20 minutos de cocción.

8 Cuando alcance el punto de cocción idóneo, agregar el parmesano y el mascarpone (o la crème fraîche), y remover el arroz con la cuchara.

9 Sazonar solo si es necesario (el caldo ya tiene sal). Servir de inmediato.

CONSEJO
Obviamente, hay que utilizar un arroz italiano de grano redondo.

IMPORTANTE
La cantidad de caldo varía según la rapidez de absorción del arroz. Es preciso probar y no añadir más cuando la mezcla parezca cremosa pero al dente.

* 3 *

carnes

LOS FAVORITOS

A FUEGO LENTO

AL HORNO

CARPACCIO DE TERNERA

4 PERSONAS ✳ **PREPARACIÓN**: 15 MIN ✳ **CONGELACIÓN**: 30 MIN

INGREDIENTES

1 trozo de ternera de 400 g (redondo, por ejemplo)

Aceite de rúcula
40 g de parmesano de calidad
Sal y pimienta

1 Envolver la carne con papel film y ponerla 30 minutos en el congelador para que se endurezca.

2 Sacarla del congelador y cortarla lo más fina posible.

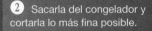

4 Salpimentar, cubrir con virutas de parmesano y servir.

3 Disponer las lonchas en platos, regarlas con aceite de oliva.

TARTAR DE TERNERA

1 PERSONA ✳ **PREPARACIÓN**: 10 MIN

1 Cortar los pepinillos en 2 o 3 trozos a lo largo. Deshojar el perejil. Pelar la escalonia y cortarla por la mitad.

2 Picar el perejil. Cortar los pepinillos en bastoncitos y luego en daditos. Picar la escalonia también en daditos.

INGREDIENTES

1 bistec picado con cuchillo preferentemente
1 yema de huevo
1 cucharadita de mostaza
1 escalonia pequeña
2-3 pepinillos
2-3 ramitas de perejil
Un chorrito de salsa worcestershire

Un chorrito de salsa teryaki (o de soja)
Un chorrito de Tabasco®
Algunas alcaparras (opcional. Si son con sal, ponerlas en remojo en agua fría)
Sal y pimienta

3 Mezclar la carne picada con las salsas, la mostaza y las alcaparras picadas, sazonar ligeramente. Tener cuidado al salarlo si las alcaparras son saladas.

4 Disponer el tartar haciendo un hueco en medio. Poner la yema de huevo dentro y esparcir las hierbas y verduras picadas al lado.

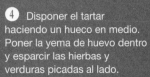

HAMBURGUESA

2 PERSONAS ✳ **PREPARACIÓN**: 25 MIN ✳ **COCCIÓN**: 15 MIN

1 Rallar o cortar con la mandolina la col y el hinojo. Rallar la zanahoria.

2 Mezclar las verduras con la mayonesa ligera, reservar 2 cucharadas para servir, sazonar con zumo de limón, sal, pimienta y Tabasco®.

3 Picar ½ cebolla en daditos muy pequeños. Laminar la otra mitad con un cuchillo o una mandolina.

4 Dorar la cebolla laminada en 1 cucharada de aceite de 6 a 7 minutos a fuego medio-suave, hasta que esté blanda y ligeramente dorada. Añadir una pizca de azúcar.

INGREDIENTES

2 panecillos de hamburguesa
200 a 300 g de carne picada, según el apetito
30 g de pan rallado
Un chorrito de salsa worcestershire
Una pizca de azúcar
2 cebollas
Un chorrito de Tabasco®
2 rodajas de remolacha, cruda o cocida
2 rodajas de queso azul
⅛ de col

Unas hojas de verdolaga, rúcula, brotes picantes al gusto (en la foto, verdolaga y brotes de daikon)
1 zanahoria
½ bulbo de hinojo
5 cucharadas de mayonesa ligera (página 11)
3-4 pepinillos agridulces
2 cucharadas de aceite neutro
1 limón
Sal y pimienta

5 Mezclar la carne, el pan rallado, la cebolla picada en daditos, un chorrito de salsa worcestershire y un chorrito de Tabasco®.

6 Formar hamburguesas pequeñas bastante gruesas.

7 Cocer las hamburguesas en el aceite restante, a fuego bastante fuerte.

8 Tostar ligeramente los panecillos.

9 Montar las hamburguesas con el pan, salsa y pepinillos laminados.

10 Poner la carne, el queso y la cebolla caramelizada.

11 Añadir las ensaladas, la remolacha y la salsa.

12 Servir con las 2 cucharadas de salsa y patatas fritas (página 27).

KEFTAS DE CERDO

4 PERSONAS ✱ **PREPARACIÓN**: 20 MIN ✱ **COCCIÓN**: 10 MIN

INGREDIENTES

500 g de carne de cerdo picada o de
carne de salchicha
1 cebolla blanca grande (o 4 cebollas
tiernas)
1 diente de ajo
½ cucharadita de cinco especias

chinas en polvo
100 g de panceta ahumada
6 ramitas de cilantro
2 cucharadas de aceite
Sal y pimienta

1 Poner la cebolla, el ajo pelado y las hojas de cilantro en la picadora.

2 Mezclar sin que quede demasiado fino. También se puede picar con un cuchillo sobre una tabla.

3 Picar la panceta ahumada.

4 Mezclar todo con la carne, añadir las especias. Salpimentar. Dejar 1 hora en el frigorífico.

5 Formar albóndigas del tamaño de una pelota de golf, no más grandes. Aplastar ligeramente.

6 Calentar el aceite en una sartén a fuego vivo. Dorar las albóndigas unos 2 minutos por cada lado. Bajar un poco el fuego y dejar unos 5 minutos más. Servir con salsa picante, ensalada, arroz o panes pequeños del estilo pita.

VARIANTE

Para una versión casi tailandesa, dejar el cilantro, suprimir las cinco especias en polvo, añadir hierbalimón picada finamente (coger el brote tierno de 2 tallos) y una guindilla pequeña cortada en tiras. Pueden servirse las albóndigas en un caldo de pollo sazonado con hierbalimón, jengibre y limón verde.

POLLO TIKKA

4 PERSONAS ✳ **PREPARACIÓN**: 20 MIN ✳ **REPOSO**: 1 H ✳ **COCCIÓN**: 20 MIN

1 Pelar y rallar el jengibre. Pelar y picar el ajo muy fino. Mezclar todos los ingredientes de la marinada, los yogures, el jengibre, el pimentón, el garam masala, el ajo, el zumo de limón y el aceite. Salar.

INGREDIENTES

500 g de pollo, pechugas y
contramuslos cortados en trozos
2 yogures
Un trozo pequeño de jengibre
2 cucharaditas de garam masala
1 cucharadita de pimentón
1 diente de ajo y ½ limón
1 cucharada de zumo de limón
1 cucharadita de aceite de oliva
6 ramitas de cilantro, sal

GARAM MASALA CASERO

En una sartén en seco, tostar
3 cucharadas de semillas de
cilantro, 2 cucharadas de
semillas de comino, las semillas
de 5 vainas de cardamomo,
5 clavos de olor, 1 rama de
canela, ½ cucharada de granos
de pimienta negra, 1 hoja de
laurel, 1 cucharadita de nuez
moscada. Triturar.

2 Poner los trozos de pollo en la marinada, mezclar y dejar reposar entre 1 hora y 1 día.

3 Precalentar el gratinador del horno o una barbacoa. Ensartar la carne en brochetas. Asarlas 10 minutos por cada lado, el tiempo necesario para que la carne esté bien dorada. Esparcir las hojas de cilantro.

MAGRET LACADO CON NABOS

2 PERSONAS ✳ **PREPARACIÓN**: 20 MIN ✳ **COCCIÓN**: 20 MIN

INGREDIENTES

1 magret de pato grande (o 2 para los que tengan mucha hambre)
1 manojo de nabos
½ naranja

30 g de mantequilla
½ vaso de sake
1 cucharada de salsa de soja
2 cucharaditas de azúcar mascabado

1 Precalentar el horno a 220 °C. Retirar el exceso de grasa de los lados del magret. Hacer unos cortes en la grasa en forma de rejilla.

2 Ponerlo en una sartén caliente a fuego medio, por el lado de la grasa, 2 minutos. Cuando la grasa empiece a dorarse, cocer 2 minutos más.

3 En un cazo pequeño, mezclar la salsa de soja, el sake y el zumo de ½ naranja. Calentar despacio, remover y dejar hervir de 3 a 4 minutos.

4 Poner el magret en una fuente de horno y untarlo con la mezcla. Hornear de 6 a 7 minutos.

5 Pelar los nabos. Lavar las hojas.

6 Dorar los nabos en una sartén con la mitad de la mantequilla a fuego bastante suave.

7 Añadir ½ vaso de agua, bajar el fuego, poner la tapadera o tapar con un papel de horno y dejar cocer 10 minutos.

8 Verter el jugo de los nabos en un recipiente, añadir el resto de mantequilla, las hojas, el azúcar moreno y remover bien para bañar los nabos. Cocer 2 minutos más.

9 Servir el magret fileteado, los nabos, las hojas y el jugo de cocción.

TRUCO

Se pueden preparar los nabos una vez hecho el magret y, 6 o 7 minutos antes de acabar la cocción de la verdura, hornearlo para que esté al punto todo al mismo tiempo.

COCIDO

POUR 4 PERSONAS ✳ **PREPARACIÓN**: 15 MIN ✳ **COCCIÓN**: 4 H

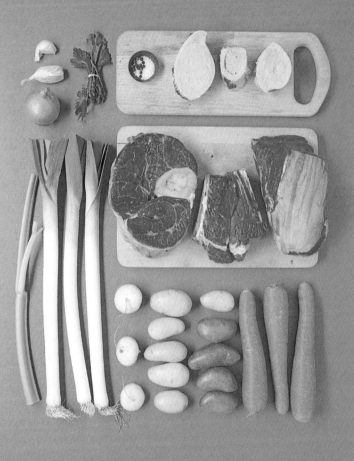

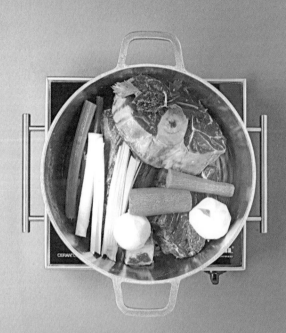

1 Poner en una cacerola la carne, 1 zanahoria, 2 puerros, el apio, la cebolla, el ajo, las hierbas y pimienta.

INGREDIENTES

900 g de ternera (paletilla, codillo y trozos más grasos, como falda)
3 zanahorias lavadas y peladas
4 puerros lavados y pelados
6 patatas
1 rama de apio lavada
1 cebolla y 2 dientes de ajo pelados
1 ramillete de hierbas
Granos de pimienta y sal gruesa

CONDIMENTOS PARA SERVIR

Mostaza
Pepinillos
Salsa de tomate u otra

2 Cubrir con agua y llevar lentamente a un hervor suave.

3 Dejar que hierva a fuego lento de 3 a 4 horas, quitando la espuma de vez en cuando.

4 Terminada la cocción, sacar la carne y las verduras.

5 Colar el caldo en una cazuela y desechar lo demás.

6 Salar, llevar a ebullición y poner las verduras restantes.

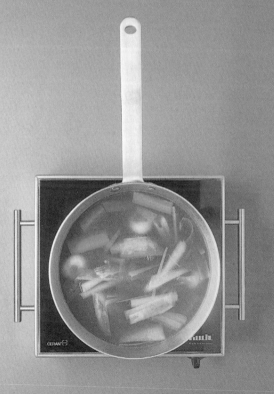

7 Cocer de 15 a 20 minutos.

8 Servir el caldo, la carne y las verduras con los condimentos.

ESTOFADO DE TERNERA A LA CERVEZA

4-6 PERSONAS ✳ **PREPARACIÓN**: 15 MIN ✳ **COCCIÓN**: 3 H

1 Calentar el aceite a fuego vivo en una cacerola grande. Freír los trozos de carne por ambos lados. Proceder en varias tandas.

INGREDIENTES

900 g de ternera para estofar (paletilla, espaldilla o codillo cortado en dados gruesos)

2 cucharadas de aceite de oliva

2 cebollas en rodajas

6 zanahorias peladas y troceadas

1 cucharada de harina

2 dientes de ajo finamente picados

2 ramitas de tomillo

1 hoja de laurel

450 ml de cerveza

Sal y pimienta recién molida

PREVIAMENTE

Calentar el horno a 140 ºC. Cortar la cebolla en rodajas, picar el ajo, cortar la carne en dados y trocear las zanahorias peladas.

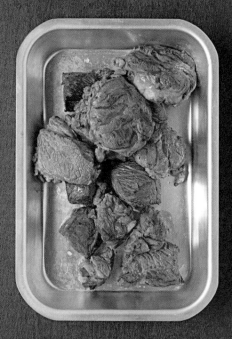

2 Sacar a medida que estén fritos y ponerlos en una fuente.

③ Dorar la cebolla de 4 a 5 minutos a fuego vivo.

④ Añadir el ajo y las zanahorias. Volver a echar la carne en la cacerola.

⑤ Añadir la harina y mezclar. Bajar el fuego. Añadir la cerveza, el tomillo y el laurel y llevar lentamente a un hervor suave. Tapar herméticamente y cocer durante 2-3 horas.

⑥ La carne está hecha cuando se deshace. Servir con patatas hervidas y una ensalada verde.

CERDO EN SALAZÓN CON LENTEJAS

4 PERSONAS ❋ **PREPARACIÓN**: 20 MIN ❋ **COCCIÓN**: 2 H

1 Desalar la carne: ponerla en remojo 2-3 horas en agua fría cambiándola varias veces. También se puede hacer la víspera.

2 Ponerla en una olla con una cebolla pelada con 2 clavos de olor clavados, la mitad de la zanahoria limpia y cortada y 1 o 2 ramas de romero. Cubrir con agua, llevar a punto de ebullición, tapar y cocer 1 hora.

INGREDIENTES

4 salchichas ahumadas pequeñas (ajustar la cantidad en función de su tamaño)
800 g aproximadamente de carne semi-salada cruda, ahumada o no, como codillo de jamón, paletilla, lomo, lacón...
400 g de lentejas
1 zanahoria grande o 2 pequeñas

2 cebollas
1 ramito de hierbas
1 rama de apio
3 clavos de olor
100 g de pan rallado
½ manojo de perejil
4-5 patatas
2-3 ramitas de romero
1 cucharada de aceite de oliva
Sal y pimienta

3 Para cocer las lentejas, enjuagarlas, ponerlas en agua fría con la otra mitad de la zanahoria limpia y cortada, el apio, la otra cebolla pelada con el clavo de olor restante y el ramito de hierbas.

4 Llevar a ebullición y cocer unos 20 minutos hasta que estén tiernas pero no deshechas. Escurrir.

5 Picar el perejil y mezclar con el pan rallado.

6 Poner las salchichas en agua fría y cocer 20 o 30 minutos, según el tipo de salchicha y el grosor.

7 Pelar las patatas y cocerlas 20-30 minutos, según el tamaño, en el caldo de las salchichas.

8 Cortar la carne cocida.

9 En una cocotte que pueda ir al horno poner las lentejas, las salchichas, la carne, las patatas, regar con un vaso del caldo de cocción de la carne, calentarlo todo suavemente.

10 Precalentar el gratinador del horno. Añadir aceite a la mezcla de pan rallado y esparcirlo por encima del contenido de la cocotte. Poner en el horno y gratinar 5 minutos.

TRUCO
También se puede utilizar carne ya cocida que bastará calentar con las lentejas y los demás ingredientes.

POLLO AL CURRY

6 PERSONAS ✳ **PREPARACIÓN**: 20 MIN ✳ **COCCIÓN**: 1 H

1 Pelar y cortar las cebollas en rodajas finas.

2 Abrir las vainas de cardamomo, reservar las semillas y desechar la parte exterior. Rallar el ajo y el jengibre con un rallador fino.

3 Calentar la mantequilla a fuego suave en una cocotte. Poner las cebollas, la pimienta, el cardamomo y la canela.

4 Remover y cocer suavemente hasta que las cebollas estén transparentes, unos 10 minutos. Añadir el ajo y el jengibre rallados.

5 Añadir la guindilla, el pimentón y sal. Cocer 2 minutos removiendo.

6 En una sartén, dorar el pollo en el aceite caliente (reservar 1 cucharadita), en varias tandas.

INGREDIENTES

1,2-1,5 kg de trozos de pollo o un pollo cortado en trozos
75 g de mantequilla
3 cebollas
12 granos de pimienta
12 vainas de cardamomo
1 rama de canela
3 cm aproximadamente de jengibre

2 dientes de ajo
una buena pizca de guindilla en polvo
2 cucharaditas de pimentón
250 g de yogur natural
2 cucharadas de aceite neutro
250 g de arroz basmati
Sal

7 Calcular 2 o 3 minutos por cada lado, hasta que estén bien dorados. Escurrir sobre papel absorbente.

8 Poner el pollo y el yogur en la cocotte. Mezclar.

9 Tapar y dejar cocer a fuego suave 30 minutos.

10 Enjuagar el arroz con agua del grifo y escurrir.

11 Calentar el aceite restante en un cazo pequeño a fuego medio. Añadir el arroz limpio y remover para nacararlo.

12 Añadir 1 volumen y medio de agua y una buena pizca de sal. Llevar a ebullición, remover.

13 Tapar añadiendo un papel de aluminio entre el cazo y la tapadera. Cocer 11 minutos a fuego suave.

14 Destapar, remover con un tenedor y poner un paño sobre el arroz.

15 Servir el pollo bien caliente con el arroz.

TERNERA CON SALSA BLANCA

6 PERSONAS ✳ **PREPARACIÓN**: 20 MIN ✳ **COCCIÓN**: 2 H

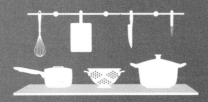

1 Poner la carne y el hueso de ternera en una cazuela con el diente de ajo, la cebolla, una zanahoria y un puerro.

INGREDIENTES

1-1,2 kg de ternera troceada
(paletilla, pierna, ternillas o jarrete)

1 hueso de ternera

3 puerros y 4-6 zanahorias peladas

1 cebolla pelada y cortada en
cuartos

1 diente de ajo

1 cucharada de harina

75 g de crème fraîche espesa

30 g de mantequilla

½ limón

300 g de arroz thai, lavado

1 vaina de vainilla

Sal y pimienta

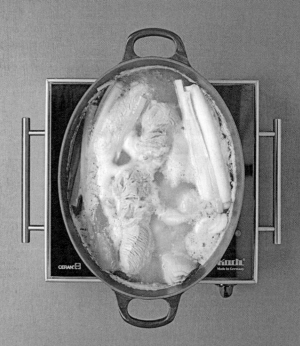

2 Cubrir con agua. Llevar a ebullición. Hervir a fuego lento sin tapa.

③ Al cabo de 30 minutos, añadir el resto de las verduras.

④ A los 15 minutos, escurrir sobre otra cazuela para reservar el caldo. Tapar las verduras.

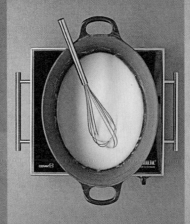

⑤ Derretir la mantequilla en una cazuela. Echar la harina de golpe y mezclar. Luego echar un cucharón de caldo, llevar a ebullición y batir. Repetir con 3 o 4 cucharones de caldo.

⑥ Añadir las semillas de la vaina de vainilla y la crème fraîche. Cocer 5 minutos a fuego mínimo, añadir una cucharada de zumo de limón. Probar y sazonar al gusto.

⑦ Poner en una cazuela, por cada parte de arroz, 1,5 de agua fría. Llevar a ebullición, salar y mezclar.

⑧ Apartar del fuego, tapar herméticamente y dejar en reposo 20 minutos. Quitar la tapa, remover el arroz con un tenedor.

⑨ Volver a echar las verduras y la carne en la salsa, calentar si es necesario y servir con el arroz.

TAJÍN DE CONEJO

4 PERSONAS ✳ **PREPARACIÓN:** 10 MIN ✳ **COCCIÓN:** 1 H 15

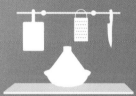

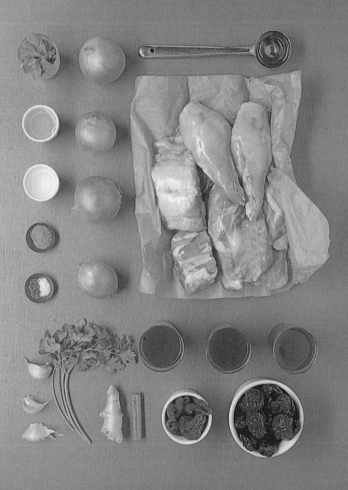

INGREDIENTES

1 conejo cortado en trozos por el carnicero
2-3 cucharadas de aceite de oliva
750 ml de jugo de ciruelas
12 ciruelas
un trozo pequeño de jengibre (4 cm)
1 cucharadita de pimentón

2 cucharaditas de ras el-hanout
una pizca de hebras de azafrán
4 cebollas y 1 rama de canela
2 cucharadas de miel
6 ramitas de cilantro
6 ramitas de perejil
6 tomates secos (opcional)
Sal y pimienta

1 Poner el conejo en el tajín. Verter el jugo de ciruelas.

2 Añadir las cebollas picadas y el aceite de oliva.

3 Añadir el jengibre pelado y finamente rallado.

4 Añadir el pimentón, el ras el-hanout, el azafrán y la rama de canela.

5 Llevar a ebullición lentamente, bajar el fuego, salpimentar.

6 Tapar y cocer a fuego suave entre 40 minutos y 1 hora.

7 Añadir las ciruelas y los tomates, tapar y seguir la cocción 15 minutos, luego añadir la miel y dejar otros 10 minutos destapado.

8 Rectificar la sazón y servir espolvoreado con las hierbas picadas.

ASADO DE TERNERA

6 PERSONAS ✳ **PREPARACIÓN**: 5 MIN ✳ **COCCIÓN**: 1 H

1 Poner en una fuente de horno el solomillo y la cebolla cortada en cuartos pegada a la carne. Espolvorear la grasa con un poco de harina y salpimentar.

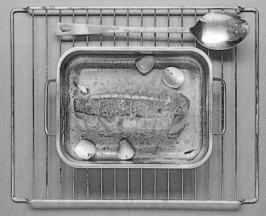

2 Meter en el horno. Rociar el solomillo con su jugo varias veces durante la cocción.

3 Asar durante 30 minutos si se quiere poco hecho, 45 minutos si se quiere al punto.

INGREDIENTES

1 solomillo de ternera de 1 kg
2 cucharadas de harina
1 cebolla pequeña pelada
1 litro de caldo de verduras
preparado con 2 cubitos
Sal y pimienta

PREVIAMENTE

Calentar el horno a 220 °C.

4 Sacar del horno, poner sobre una tabla y cubrir con papel de aluminio para mantenerlo caliente.

5 Para hacer la salsa, poner la fuente directamente sobre un fuego medio.

6 Espolvorear con la harina restante. Batir para incoporar la harina.

7 Calentar el caldo de verduras y añadirlo poco a poco a la salsa, batiendo. Llevar a ebullición, dejar que se reduzca a fuego lento durante unos 5 minutos. Probar y sazonar.

8 Servir el asado con la salsa. Acompañar el asado con puré, patatas al gratén con nata y, en primavera, con espárragos untados con un poco de aciete de oliva y asados en el horno 20 minutos.

POLLO ASADO

4 PERSONAS ✳ **PREPARACIÓN**: 15 MIN ✳ **COCCIÓN**: 1 H 30

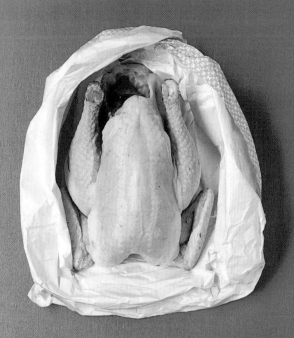

1 Poner las pieles de limón y el jengible bajo la piel del pollo. Untarlo con aceite y colocar en su interior el ajo y el limón. Hornear.

INGREDIENTES
1 pollo (1,5 kg aproximadamente)
1 limón cortado por la mitad
1 trozo pequeño de jengibre (unos 4 cm)
1-2 dientes de ajo majados
1 cucharada de aceite de oliva
Unas 10 patatas medianas
1 vaso de vino blanco

PREVIAMENTE
Calentar el horno a 220 °C. Cortar y reservar 4-5 trozos grandes de piel de limón, pelar el jengibre y cortarlo en láminas.

2 Pelar las patatas, cortarlas en trozos alargados y gruesos.

3 Cocerlas 10 minutos en una cazuela de agua hirviendo. Escurrirlas, sacudirlas un poco dentro de la cazuela.

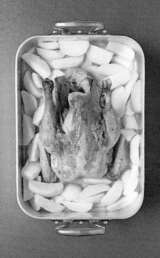

4 Al cabo de 45 minutos, darle la vuelta al pollo y rociarlo con el jugo.

5 Después poner las patatas alrededor del pollo. Deberían dorarse al mismo tiempo.

6 El pollo está cocido cuando está completamente dorado y los muslos se separan casi sin estirar.

7 Para cortarlo, empezar por separar los muslos con un cuchillo. Luego cortar las pechugas. Luego las alas. Servir el pollo con su salsa.

8 Poner la fuente sobre el fuego. Añadir el vino, poner el limón y el ajo del pollo. Llevar a ebullición y dejar reducir.

9 Servir el pollo con su salsa y las patatas.

TRUCOS

Para que las pechugas queden más tiernas, puede empezarse a cocer el pollo «al revés»: se coloca en la fuente con las pechugas hacia abajo. La grasa se deslizará hacia ellas y quedarán menos secas.

PIERNA DE CORDERO

6 PERSONAS * **PREPARACIÓN**: 10 MIN * **COCCIÓN**: 1 H 20

1 Poner la pieza de cordero en una fuente de horno. Colocar al la cabeza de ajo cortada por la mitad.

INGREDIENTES

1 pierna o 1 paletilla de cordero de 2 kg
6 ramitas de tomillo y 3 ramitas de romero
1 cabeza de ajo
Sal y pimienta
2 cucharadas de aceite de oliva

PREVIAMENTE

Precalentar el horno a 230 °C.
Lavar las hierbas. Deshojar 3 ramitas de tomillo y 1 ramita de romero, picar las hojas.

TIEMPO DE COCCIÓN

Depende del peso de la pierna.
Calcular 20 minutos y luego
15 minutos más para 500 g de carne.

3 Asar en el horno 20 minutos, luego bajar la temperatura a 200 °C. Dejar cocer 1 hora más para que la carne quede ligeramente rosada. Dejar reposar sobre un papel de aluminio 10 minutos antes de servir.

2 Poner las ramitas de tomillo y de romero enteras en la fuente horno. Mezclar las hierbas picadas con el aceite, un poco de sal y pimienta y repartir la mezcla sobre el asado.

1 Cortar la zanahoria pelada y el apio en daditos. Pelar y picar la cebolla.

2 En una cocotte, dorar la carne por todos los lados, en el aceite y la mantequilla, a fuego bastante fuerte.

COSTILLAR DE CERDO CON LECHE

6 PERSONAS ✳ **PREPARACIÓN**: 20 MINUTES ✳ **COCCIÓN**: 3 H 15

3 Retirar la carne, rehogar a fuego suave la zanahoria, la cebolla y el apio. Añadir la cúrcuma rallada, el laurel, la salvia y el tomillo. Dejar cocer 5 minutos.

4 Poner de nuevo la carne, añadir la leche, salpimentar y llevar a ebullición.

INGREDIENTES

1 costillar de cerdo
1 hoja de laurel
6 hojas de salvia
2-3 ramitas de tomillo y/o de mejorana
Un trozo de raíz de cúrcuma
1,5 a 2 l de leche
1 zanahoria

1 cebolla
1 rama pequeña de apio
20 g de mantequilla
1 cucharada de aceite
Sal y pimienta

PREVIAMENTE

Precalentar el horno a 160 °C.

5 Tapar y poner en el horno 3 horas.

6 Triturar las verduras y las hierbas de la cocotte, salvo el laurel, con una cuarta parte de la leche. Dejar reducir 10 minutos a fuego suave.

7 Servir la carne con la salsa y acompañar con arroz, si se desea.

PINTADA RELLENA

6 PERSONAS ✳ **PREPARACIÓN**: 20 MIN ✳ **COCCIÓN**: 2 H

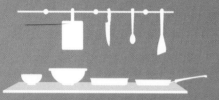

1 Preparar el relleno: picar la pechuga de ave, 100 g de setas, el perejil y el foie gras.

2 Poner el pan en remojo en la nata líquida. Mezclar los ingredientes picados con el pan remojado, la nata líquida y el huevo. Salpimentar.

3 Colocar las pintadas en una fuente de horno y rellenarlas. Poner el relleno sobrante en la fuente, a un lado.

4 Colocar las lonchas de beicon sobre las pintadas. Picar las setas restantes.

INGREDIENTES

2 pintadas
600 g de surtido de setas frescas o congeladas (*boletus edulis*, chantarelas, etc.)
100 g de foie gras
1 pechuga de ave
1 huevo
2 rebanadas de pan de molde

100 ml de nata líquida
6 ramitas de perejil
6 lonchas finas de beicon ahumado
25 g de mantequilla
Sal y pimienta

PREVIAMENTE

Calentar el horno a 200 ºC.

5 Meter en el horno. Rociar las pintadas a media cocción. Asar de 1 h 30 a 2 horas, según el peso de las pintadas. Pedir consejo al comprarlas.

6 Cortar en láminas los champiñones restantes.

7 Calentar la mantequilla en una sartén a fuego medio-fuerte. Rehogar las setas durante 6-7 minutos.

8 Servir las pintadas con el relleno y las setas.

VARIANTE

Añadir al relleno 100 g de castañas al natural envasadas al vacío para un plato típico navideño. Servir al estilo inglés con coles de Bruselas cocidas al vapor y rehogadas en mantequilla con castañas cocidas.

SALSA

Echar un vaso de vino blanco seco o dulce en la fuente de horno, raspar los jugos, llevar a ebullición y dejar que se reduzca.

MUSAKA LIGERA

4 PERSONAS ✳ **PREPARACIÓN**: 25 MIN ✳ **COCCIÓN**: 1 H 10

① Lavar las berenjenas y cortarlas en rodajas finas, de ½ cm de espesor más o menos.

INGREDIENTES

3 berenjenas medianas

3-4 tomates

6 ramitas de perejil lavadas y sin tallos

2 trozos grandes de pierna de cordero

½ cucharadita de canela en polvo

2-3 rebanadas de pan duro para rallar

6 cucharadas de aceite de oliva

Una bechamel (página 20): 30 g de mantequilla, 30 g de harina y 300 ml de leche

PREVIAMENTE

Calentar el horno a 220 ºC.

② Colocarlas en una bandeja de horno. Con un pincel, untarlas con 3 cucharadas de aceite de oliva.

③ Asarlas de 20 a 30 minutos, en 2 tandas si es necesario.

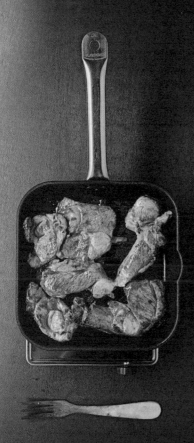

4 Cocer el cordero a fuego medio con 1 cucharada de aceite.

5 Picar la carne cocida en trozos pequeños. Cortar los tomates en rodajas.

6 Picar el perejil, mezclar con el pan rallado y sazonar.

7 Untar una fuente de horno con aceite. Alternar capas de berenjena, de tomate y de carne. Verter la bechamel. Repartir el pan rallado. Rociar con aceite de oliva.

8 Cocer en el horno 30 minutos. Servir la musaka con una ensalada verde.

IMPORTANTE

Es necesario sazonar cada capa con sal, pimienta y canela, al estilo griego.

* 4 *

pescados

ENTRANTES LIGEROS

SUPERRÁPIDO

PARA OCASIONES ESPECIALES

ATÚN A LA TAHITIANA

4 PERSONAS * **PREPARACIÓN**: 15 MIN * **REPOSO**: 30 MIN

1 Cortar el atún en dados. Pelar, retirar las semillas y rallar el medio pepino. Picar las hojas de cilantro.

2 Rallar la cáscara de una de las limas. Exprimir el zumo de las 4 limas.

INGREDIENTES

4 filetes de atún pequeños sin espinas (pedir al pescadero que las quite)
2-3 limas

150 a 200 ml de leche de coco
1/4 de manojo de cilantro
1 cucharada de aceite de oliva
½ pepino
Sal y pimienta de molinillo

3 En una fuente honda, mezclar los ingredientes de la marinada: el zumo de lima, la leche de coco, la ralladura, el aceite de oliva y el pepino. Salpimentar.

4 Poner el atún y regar con la marinada y esparcir el cilantro picado. Servir de inmediato o como máximo al cabo de 30 minutos.

1 En un cazo, poner la zanahoria lavada y cortada, el apio, los granos de pimienta, el perejil, el tomillo, el vino blanco, sal gruesa y 5 cm de agua. Llevar a punto de ebullición.

2 Seria ideal que cociera así al menos 20 minutos; si no tenemos tiempo se puede acortar. Añadir los filetes de caballa.

3 Apagar el fuego y tapar. Si no tenemos prisa, seguir la cocción a fuego muy lento 7-8 minutos.

4 Cuando esté casi frío, escurrir la caballa. Desmenuzar la carne retirando la piel y las espinas.

5 Mezclar la carne de la caballa con la cáscara de un cuarto de limón finamente rallada, un poco de zumo de limón, el cebollino picado, el yogur y la pimienta de Espelette. Rectificar la sazón.

PATÉ DE CABALLA

8 PERSONAS ❋ **PREPARACIÓN**: 15 MIN ❋ **COCCIÓN**: 20 MIN

INGREDIENTES

2 filetes de caballa
½ manojo de cebollino
1 limón, mejor biológico
4-5 cucharadas de yogur griego o de requesón
1 zanahoria
1 rama de apio

½ vaso de vino blanco
unos granos de pimienta
Unas ramitas de perejil
Una ramita de tomillo
Una pizca de pimienta de Espelette
Sal gruesa
Pan para servir

6 Servir sobre pan rústico tostado. El paté se conserva hasta el día siguiente.

CEVICHE CON LIMA

2 PERSONAS ✳ **PREPARACIÓN**: 15 MIN ✳ **REPOSO**: 30 MIN

1 Quitar las espinas de los filetes de dorada, estirando con los dedos o con unas pinzas. Cortarlos en láminas.

2 Poner el pescado en una fuente honda, añadir el aceite.

INGREDIENTES

2 filetes de dorada muy frescos (pedir al pescadero que saque los filetes)
1 o 2 limas
El zumo de 1 naranja

4 cucharadas de aceite de oliva (60 ml)
1 bulbo de hinojo
Sal y pimienta

4 Verter el zumo y la ralladura sobre el pescado, añadir las láminas de hinojo. Servir de inmediato o como mucho al cabo de 30 minutos si gusta el pescado más «cocido».

3 Rallar las cáscaras de las limas, exprimir el zumo. Mezclar con el zumo de naranja. Cortar el hinojo (lavado y sin las partes duras o estropeadas), en finas láminas.

① Calentar el aceite en una sartén. Soasar el atún 30 segundos por un lado.

② Darle la vuelta y cocer por el otro lado otros 30 segundos.

③ Servir con los condimentos japoneses.

④ O servir con mostaza y sal.

BISTEC DE ATÚN
EN SU PUNTO

2 PERSONAS ✳ **PREPARACIÓN**: 5 MIN ✳ **COCCIÓN**: 1 MIN

INGREDIENTES

1 rodaja grande de atún
o 2 pequeñas sin espinas
1 cucharada de aceite de oliva
Salsa de soja, wasabi, gari (jengibre
encurtido japonés para sushi) o
1 cucharada de mostaza a la antigua
Sal

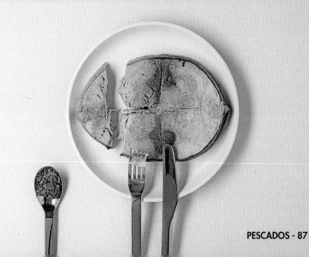

PESCADO EMPANADO

2 PERSONAS ✳ **PREPARACIÓN**: 10 MIN ✳ **COCCIÓN**: 10 MIN

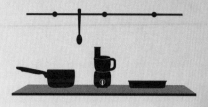

INGREDIENTES

2 filetes de pescado no muy gruesos
(gallo o trucha, por ejemplo)
La piel y el zumo de un limón
1 manojo de hierbas o una mezcla
surtida (lavadas y sin tallos)

2 rebanadas de pan duro
30 g de mantequilla
Sal

PREVIAMENTE

Calentar el horno a 200 °C.

1 Triturar el pan con la picadora.

2 Añadir y mezclar la piel de limón y las hierbas para obtener un polvo. Salar.

3 Derretir la mantequilla en un cazo. Añadir el zumo de limón.

6 Hornear de 6 a 10 minutos, según el grosor de los filetes. Servir con una pequeña ensalada verde.

4 Bañar los filetes de pescado en la mezcla, cubrir bien por ambos lados y colocar en una fuente de horno.

5 Espolvorear con el resto de pan rallado. Verter la mantequilla derretida por encima.

1 Picar el ajo finamente. Lavar, secar, picar las hierbas y desechar los tallos.

2 Derretir la mitad de la mantequilla en una sartén pequeña a fuego vivo.

3 Añadir las vieiras y cocer por un lado de 2 a 3 minutos.

INGREDIENTES

8 vieiras preparadas en la pescadería (o congeladas)
50 g de mantequilla
1 diente de ajo y/o un trozo pequeño de jengibre
6 ramitas de perejil o de cilantro fresco

PREVIAMENTE

Si las vieiras son congeladas, ponerlas en una fuente y dejarlas 4 horas en el frigorífico para que se descongelen.

4 Darles la vuelta y cocer 1-2 minutos más. Poner las vieiras cocidas en un plato.

5 Desechar la mantequilla usada. Derretir el resto. Añadir el ajo (remover 1 minuto) y luego las hierbas.

6 Verter la mantequilla con ajo y hierbas sobre las vieiras. Servir de inmediato.

MEJILLONES AL ESTRAGÓN

2 PERSONAS ✳ **PREPARACIÓN**: 10 MIN ✳ **COCCIÓN**: 10 MIN

INGREDIENTES

2 kg de mejillones
1 rama grande de estragón tupida
20 g de mantequilla
2-3 escalonias o 1 cebolla
1 vaso de vino blanco

PREVIAMENTE

Limpiar los mejillones con agua,
con un cepillo pequeño o un cuchillo.

1 Derretir la mantequilla en una cocotte. Laminar las escalonias. Rehogarlas a fuego medio durante 5 minutos.

2 Subir el fuego, añadir el vino blanco y las hojas de estragón.

3 Añadir los mejillones, tapar y dejar cocer hasta que se abran, de 3 a 5 minutos, sacudiendo la cocotte.

4 Servir.

1 En un cazo, calentar el caldo con la nata líquida y la vaina de vainilla partida por la mitad. Raspar las semillas en la salsa.

2 Saltear las gambas en el aceite de oliva de 2 a 3 minutos.

INGREDIENTES
16 o 20 gambas
2 cucharadas de aceite de oliva

SALSA DE VAINILLA
250 ml de caldo de verduras o de pescado
5 cucharadas de nata líquida
1 vaina de vainilla

3 Darles la vuelta y saltear 2 minutos más.

4 Servir las gambas salteadas con la salsa.

PAPILLOTE Y 3 SALSAS

4 PERSONAS ✳ **PREPARACIÓN**: 5 MIN ✳ **COCCIÓN**: 15 MIN

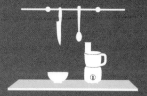

INGREDIENTES

4 supremas de salmón, de unos
150 g cada una
1 cucharada de aceite de oliva
1 limón

PREVIAMENTE

Precalentar el horno a 200 °C.

COCCIÓN A LA PAPILLOTE

Poner las supremas de salmón sobre
una hoja de aluminio grande untada
con aceite de oliva. Sazonar con sal,
pimienta y zumo de limón.
Envolverlas herméticamente, pero
sin apretarlas para que el aire circule
por el interior del paquete. Doblar los
bordes. Cocer en el horno de 10 a
15 minutos.

SALSA DE GUISANTES Y ALBAHACA

Triturar 450 g de guisantes
cocidos, las hojas de 6 ramitas
de albahaca y 1 cucharada de
aceite de oliva.

SALSA VERDE

Triturar ½ manojo de perejil, 1 cebolla roja pequeña o 2 cebolletas, 2 ramitas
de estragón, 1 cucharada de alcaparras, 2 cucharadas de aceite de oliva y
½ cucharada de mostaza a la antigua.

SALSA DE YOGUR

Mezclar 6 ramitas de eneldo picadas, 2 yogures griegos y 1 cucharada de
zumo de limón.

VERDURAS Y PESCADO AL VAPOR

2 PERSONAS ✳ **PREPARACIÓN**: 10 MIN ✳ **COCCIÓN**: 20 MIN

1 Poner las láminas de jengibre sobre el pescado y depositarlo en la vaporera. Pelar y cortar las verduras en bastoncitos delgados. Ponerlos también en la vaporera.

2 Cocer al vapor unos 12-15 minutos según el grosor del pescado, hasta que la carne se separe en láminas.

INGREDIENTES

2 pescados pequeños enteros, por ejemplo doradas
Verduras de primavera
2 cucharadas de aceite de oliva
1 trozo de jengibre de 4-5 cm
3 cucharadas de salsa de soja
Una pizca de azúcar

PREVIAMENTE

Practicar unos cortes en diagonal en los pescados hasta la espina, por los dos lados. Pelar el jengibre, cortar la mitad en láminas finas y rallar el resto.

3 Calentar el aceite en una sartén pequeña o en una cacerola. Añadir el jengibre rallado, remover durante 1 minuto.

4 Retirar del fuego, añadir la salsa de soja y el azúcar.

5 Servir la salsa sobre el pescado y las verduras.

PESCADO A LA SAL

2 PERSONAS ✳ **PREPARACIÓN**: 20 MIN ✳ **COCCIÓN**: 30 MIN

1 Precalentar el horno a 240 °C. Rellenar la tripa del pescado con las hierbas, añadir un poco de aceite de oliva y de zumo de limón.

2 Poner una capa de sal de 2 mm de grosor sobre una placa de horno. Poner el pescado encima.

3 Cubrirlo completamente con sal.

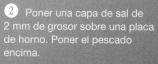

INGREDIENTES

1 pescado entero de 1,5 kg, sin tripas, tipo dorada o lubina
3 kg de sal gruesa
5 alcachofas violeta
1 limón
1 bulbo de hinojo
2 ramitas de ajedrea o de mejorana, si se encuentra

2 ramitas de hinojo silvestre, o las hojitas de 2 bulbos
2 ramitas de tomillo fresco
4 cucharadas de un buen aceite de oliva, mejor con sabor a hierbas
Pimienta
Puré de patatas u otro puré

4 Hornear unos 30 minutos. Lo ideal sería tener un termómetro de sonda para comprobar la temperatura del centro que debe ser de 50-55 °C.

5 Cocer las alcachofas 10 minutos en agua hirviendo con sal.

6 Deshojarlas, retirar la pelusilla, separar los fondos y cortarlos en láminas. Cortar el hinojo en bastoncitos finos.

7 Sacar el pescado. Romper la corteza de sal. Retirar la piel cortándola por los lados con unas tijeras y luego despegándola.

8 Sacar el primer filete, retirar la espina central y separar el segundo filete.

9 Servir con el puré, las alcachofas, el hinojo, el aceite de oliva, limón y pimienta.

CURRY VERDE DE PESCADO

4 PERSONAS ✳ **PREPARACIÓN**: 15 MIN ✳ **COCCIÓN**: 30 MIN

① Retirar las partes duras de la citronela y guardar solo el corazón tierno. Quitar las semillas de la guindilla, rallar la cáscara de una lima y exprimir el zumo de las dos.

② Lavar y escurrir el cilantro. Pelar los ajos, las escalonias y el jengibre, cortar las escalonias en trozos.

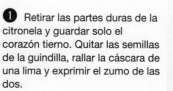

③ Triturar todos los ingredientes —salvo el pescado, los mariscos, el aceite, la cerveza, el caldo, la leche y el agua de coco— para obtener una pasta verde.

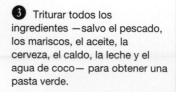

④ Calentar el aceite en una cacerola o en una cocotte a fuego medio-fuerte. Verter la pasta y cocer unos 2 minutos sin parar de remover.

INGREDIENTES

600 g de filetes de pescados variados
Un puñado de langostinos cocidos
Un puñado de mejillones
1 manojo de cilantro
3 dientes de ajo
3-4 escalonias, según su tamaño
3 cm de jengibre
5 tallos de citronela
1 guindilla verde, o más si gusta
2 limas
Un chorrito de salsa de pescado (nuoc-mam)

1 cucharada de aceite neutro
200 ml de leche de coco
200 ml de agua de coco
1 dado de caldo de verduras ecológico
½ vaso de cerveza
Arroz para servir
Un puñado de anacardos (opcional)

PREVIAMENTE

Quitar la cáscara de los langostinos.

5 Añadir la leche y el agua de coco, remover, bajar el fuego y dejar cocer 10 minutos aproximadamente.

6 Cocer los mejillones limpios en una cacerola con la cerveza y el caldo diluido en un vaso de agua hirviendo.

7 Poner a fuego máximo, tapar y cocer 5 minutos hasta que los mejillones se hayan abierto.

8 Cortar el pescado en trozos del mismo tamaño.

9 Poner el pescado en la salsa de coco. Cocer 4-5 minutos según el grosor de los trozos. Añadir los langostinos y los mejillones y calentar 2-3 minutos.

10 Preparar arroz tailandés o basmati como en la receta del pollo al curry (página 66).

11 Servirlo espolvoreado con el cilantro y los anacardos picados.

KOULIBIAC

6 PERSONAS ✻ **PREPARACIÓN**: 35 MIN ✻ **COCCIÓN**: 1 H 10

1 Triturar el cilantro, la parte tierna de la citronela, el jengibre y la escalonia pelados, la guindilla, la ralladura de lima y un poco de su zumo.

2 Dorar los shiitakes en 1 cucharada de aceite de oliva a fuego vivo.

3 Cortar la calabaza por la mitad y retirar las semillas. Untarla con un poco de aceite, salpimentar y asar en el horno unos 45 minutos. Separar la pulpa y chafarla para obtener un puré, sazonar.

4 Cortar la cabeza y la cola del salmón y cortarlo por la mitad. Escalfarlo en agua o caldo de 10 a 15 minutos, según su grosor. Debe quedar medio cocido.

INGREDIENTES

1 salmón entero de 1,2 kg aproximadamente, sin escamas y sin tripas

500 g de falsa masa de hojaldre (página 146) o auténtico hojaldre con mantequilla, de muy buena calidad

1 huevo

1 calabaza butternut pequeña

1 trozo pequeño de jengibre (2-3 cm)

1 manojo de cilantro

3-4 tallos de citronela

1 lima

1 escalonia

Un puñado de setas shiitake o de champiñones

2 cucharadas de aceite de oliva

1 guindilla verde o roja pequeña (opcional)

Sal y pimienta

5 Estirar la masa y disponerla en una placa de horno. Tiene que quedar un rectángulo suficientemente grande como para colocar los filetes de pescado y cubrirlos.

7 Separar con cuidado los filetes de pescado retirando la piel y todas las espinas.

8 Poner el pescado sobre la masa.

6 Con una cuchara, extender sobre la masa la mezcla verde de cilantro. Repartir uniformemente las setas. Dejar los bordes de masa del rectángulo sin cubrir para poder doblarlos luego fácilmente.

11 Cortar en rodajas gruesas y servir con el puré de calabaza.

NOTA
Se pueden utilizar filetes de salmón ya limpios que se escalfarán en el caldo 5 minutos.

TRUCO
Si sacamos la masa de la nevera 5 minutos antes, se estirará más fácilmente.

VARIANTES
Se puede variar la mezcla según los gustos haciéndola menos asiática y más mediterránea (con perejil, albahaca, ralladura de naranja y de limón, aceite de oliva) o más nórdica (con eneldo, crème fraîche, mostaza a la antigua).

9 Envolverlo con la masa y soldarla bien. Dorar la masa con huevo batido.

10 Cocer durante unos 25 minutos hasta que la masa esté bien dorada.

* 5 *

verduras

SOPAS Y ENSALADAS

PURÉS Y GRATINADOS

MIX DE VERDURAS

A FUEGO LENTO

CREMA DE CALABAZA

3 PERSONAS ✳ PREPARACIÓN: 25 MIN ✳ **COCCIÓN:** 1 H

① Poner las calabazas enteras en una fuente de horno. Asar de 30 a 40 minutos; deben quedar tiernas.

② Retirar las calabazas del horno. Partir en dos la calabaza potimarrón. Sacarles las pepitas. Pelar.

③ Mientras tanto, trocear las patatas, y ponerlas en una cazuela. Cubrir con agua, añadir los cubitos de caldo.

④ Llevar a ebullición y cocer de 20 a 25 minutos, hasta que cedan al clavarles el cuchillo.

INGREDIENTES

1 calabaza potimarrón
1 rodaja de calabaza
3 patatas medianas
6 ramitas de perifollo
2 cubitos de caldo (de verduras o de pollo)

4 cucharadas de crème fraîche o de leche de coco
Sal y pimienta recién molida

PREVIAMENTE

Calentar el horno a 200 °C.
Pelar las patatas.

⑥ Servir la sopa con el perifollo y una cucharada de crème fraîche o de leche de coco en cada cuenco.

OPCIÓN

La calabaza potimarrón combina bien con el jengibre. Añadir, si apetece, un dado de jengibre rallado en el momento de mezclar la sopa.

⑤ Poner la pulpa de las calabazas en la cazuela con las patatas. Mezclar con la batidora (o en el robot de cocina o con un pasapuré). Salpimentar si es necesario. Picar el perifollo.

4 PERSONAS ✳ **PREPARACIÓN**: 15 MIN ✳ **COCCIÓN**: 25 MIN

1 Lavar los berros, desechar las hojas estropeadas, comprobar que no haya insectos, cortar la base de los tallos que es demasiado dura.

2 Pelar y picar las escalonias. Pelar las patatas y cortarlas en trozos si es necesario.

3 Rehogar las escalonias en la mantequilla, a fuego bastante suave, en una cacerola durante 6-7 minutos.

4 Añadir las patatas y remover. Dejar que se peguen un poco, a fuego algo más fuerte.

INGREDIENTES

1 manojo de berros
Unas 10 patatas pequeñas de carne tierna (menos si son más grandes)
3-4 escalonias

500 ml de caldo de pollo (o un cubito con agua) o de verduras
30 g de mantequilla
Un poco de crème fraîche
Sal y pimienta

5 Añadir el caldo o el agua con un cubito disuelto. Cocer las patatas hasta que estén tiernas, unos 20 minutos.

6 Añadir los berros y cocer 5 minutos.

7 Pasarlo por un molinillo para verduras si se desea una consistencia más gruesa o por un batidor de brazo para obtener una textura más cremosa.

8 Sazonar si fuera necesario (dependerá de si el caldo tenía sal o no). Servir con un poco de crème fraîche.

DAHL DE LENTEJAS

4 PERSONAS ✳ **PREPARACIÓN**: 15 MIN ✳ **COCCIÓN**: 30 MIN

INGREDIENTES

250 g de lentejas
½ cucharadita de comino
1 rama de canela
6 vainas de cardamomo
1 diente de ajo

Una pizca de cúrcuma
1 bote pequeño de tomates
1 cebolla
100 ml de leche de coco
1 lima

1 Enjuagar las lentejas en un colador.

2 Ponerlas en una cacerola grande con la cebolla picada gruesa, los tomates, las especias y el ajo sin el germen.

3 Añadir 500 ml de agua. Llevar a ebullición y dejar cocer destapado 25 minutos aproximadamente.

4 Retirar y desechar la rama de canela, las vainas de cardamomo y el ajo.

5 Triturar las lentejas en un robot.

6 Poner de nuevo a fuego suave, añadir la leche de coco y un poco de zumo de limón. Servir.

GAZPACHO NEW STYLE

4 PERSONAS ✳ **PREPARACIÓN**: 25 MIN ✳ **COCCIÓN**: 15 MIN

① Pelar los tomates y escaldarlos con agua hirviendo. Cortarlos por la mitad y retirar las semillas. Pelar y quitar las semillas del pepino y los pimientos. Pelar y picar la cebolla. Cortar el aguacate en dados. Retirar la cáscara y las semillas del melón. Cortar en daditos 1 tomate, ¼ de pepino, 1 rodaja de melón, ¼ de cebolla, ¼ de aguacate y ¼ de pimiento para decorar. Cortar el resto en trozos grandes.

INGREDIENTES

1 pepino
6 a 8 tomates
2 pimientos rojos
1 aguacate
1 cebolla roja
1 melón pequeño o ¼ de sandía

Tabasco®
3 cucharadas de aceite de oliva (45 ml)
6 rebanadas de pan de hogaza
1 a 3 dientes de ajo pequeños (al gusto)
Sal y pimienta

② Poner las verduras y el melón en un robot con 2 cucharadas de aceite de oliva y 2 rebanadas de pan sin la corteza.

③ Triturar, salpimentar y añadir unas gotas de Tabasco®.

④ Tapar con papel film y poner a enfriar durante unas cuantas horas por lo menos.

⑤ Cortar el pan en dados. Extenderlo en una placa de horno, repartir el ajo picado y regar con aceite de oliva. Hornear de 10 a 15 minutos a 200 °C.

⑥ Servir el gazpacho bien frío con los picatostes, cubitos de hielo y el resto de las verduras cortadas en daditos.

VARIANTE

Sustituir el melón por mango bien maduro.

CONSEJO

Es mejor dejar el gazpacho unas horas en la nevera antes de servirlo.

MINESTRONE DE VERANO

6 PERSONAS ✳ **PREPARACIÓN**: 35 MIN ✳ **COCCIÓN**: 3 H 30

① La víspera poner en remojo las alubias en agua fría.

② Al día siguiente, ponerlas en una cacerola, cubrir con agua y cocer 30-40 minutos.

③ Cortar en dados las patatas, el hinojo y los calabacines. Cortar la col en tiras. Picar la cebolla y el ajo.

④ Rehogar el ajo y la cebolla sin parar de remover. Añadir las patatas y rehogar 2-3 minutos.

⑤ Hacer lo mismo con el hinojo y la col, luego poner los calabacines y los tomates.

INGREDIENTES

4 a 6 cucharadas de aceite de oliva
1 cebolla
2 dientes de ajo
3 patatas medianas
1 bulbo de hinojo
2 calabacines pequeños
¼ de col
250 g de tomates cherry
50 g de parmesano

1 corteza de parmesano
4 ramitas de albahaca
100 g de pasta corta (penne, orechiette)
100 g de alubias blancas secas o de bote
3 cubitos de caldo de pollo o de verduras disueltos en 1,5 l de agua
Sal y pimienta

⑥ Reservar una cuarta parte de los calabacines y de los tomates.

7 Verter el caldo. Añadir la corteza de parmesano. Llevar a ebullición y bajar el fuego.

8 Dejar cocer 2 horas tapado. Remover de vez en cuando.

9 Rectificar la sazón si fuera necesario. Añadir la pasta, los calabacines y los tomates restantes.

10 Incorporar las alubias cocidas y seguir la cocción 20 minutos más.

11 Servir con pesto, parmesano rallado y un pan.

EL TOQUE TERROIR

La minestrone es todavía mejor si se añade una punta de jamón curado junto con el caldo.

CONSEJO

Después de la minestrone, acabar con un postre ligero como macedonia de cítricos o de fresas, según la estación.

TABULÉ DE HIERBAS

4 PERSONAS ✳ **PREPARACIÓN**: 25 MIN ✳ **COCCIÓN**: 15 MIN

1 Lavar, escurrir y deshojar las hierbas.

2 Picarlas finamente. También se pueden picar las hierbas en un robot, pero muy poco rato, no demasiado finas.

3 Cubrir el bulgur con agua fría y dejar reposar 15 minutos. Algunos tipos de bulgur necesitan cocción. Seguir las instrucciones del paquete.

4 Pelar los pepinos, retirar las semillas y cortarlos en daditos, limpiar y picar finamente las cebolletas.

INGREDIENTES

75 g de bulgur
2 manojos grandes de perejil
1 manojo grande de menta
2 cucharadas de almendras
fileteadas tostadas en la sartén

El zumo de 1 o 2 limones
2 cucharadas de aceite de oliva
o más
2 pepinos pequeños
4-5 cebolletas
Sal y pimienta de molinillo

6 Aliñar primero con el zumo de 1 limón. Probar y rectificar el aliño: sal, pimienta, aceite de oliva y limón.

INFORMACIÓN DEL PRODUCTO

Se puede usar también sémola gruesa o mediana. Pero el bulgur (trigo triturado) tiene un sabor a avellana y una textura más interesantes.

5 Escurrir el bulgur y juntar todos los ingredientes en un bol.

1 Rallar los calabacines. Salpimentar y regar con una cucharada de aceite.

2 Poner en una fuente que pueda ir al horno y hornear durante 15 minutos.

3 Con los dedos, desmigar la harina con la mantequilla. Añadir la otra cucharada de aceite y las almendras. Salar.

4 Mezclar el azúcar con el vinagre y añadir a los calabacines. Agregar el queso y la albahaca picada.

GRATINADO DE CALABACINES

4 PERSONAS ✳ **PREPARACIÓN**: 25 MIN ✳ **COCCIÓN**: 40 MIN

INGREDIENTES

1 kg de calabacines lavados y sin las puntas
200 g de queso cottage
6 ramitas de albahaca
2 cucharadas de aceite de oliva
1 cucharadita de azúcar
1 cucharadita de vinagre

150 g de harina integral
75 g de mantequilla
4 cucharadas de almendras enteras
Sal y pimienta

PREVIAMENTE

Precalentar el horno a 220 °C.
Trocear las almendras.

5 Repartir las migas de harina y mantequilla por encima de los calabacines. Bajar la temperatura del horno a 180 °C.

6 Hornear 25 minutos, hasta que el crumble esté dorado.

GRATINADO DELFINÉS

6 PERSONAS ✳ **PREPARACIÓN**: 20 MIN ✳ **COCCIÓN**: 1 H 30

1 Pelar las patatas y cortarlas en rodajas finas, de 2-3 mm, a mano o con un robot.

2 Restregar el ajo cortado por la mitad por una fuente de horno. Untarla generosamente con mantequilla.

INGREDIENTES

1 kg de patatas de la variedad charlotte
1 diente de ajo
30 g de mantequilla

600 ml de nata líquida entera
Sal y pimienta

PREVIAMENTE

Precalentar el horno a 160 °C.

4 Hornear y dejar cocer de 1 h 15 a 1 h 30, hasta que la superficie esté dorada, las patatas cocidas y la nata se haya reducido.

3 Poner las patatas en la fuente, salpimentar. Cubrir con la nata.

1 Poner las patatas en una cazuela. Cubrir con agua fría, salar y llevar a ebullición.

2 Cocer a fuego lento, semitapadas, de 20 a 30 minutos, según el tamaño. Escurrir y pelar.

3 Volver a echar en la cazuela al fuego para secarlas durante unos segundos.

4 Añadir la mantequilla y la crème fraîche y chafar manualmente con un pasapuré.

5 Calentar la leche e incorporarla al puré con una cuchara de madera.

PURÉ CASERO

4 PERSONAS ✳ **PREPARACIÓN**: 20 MIN ✳ **COCCIÓN**: 30 MIN

INGREDIENTES

1 kg de patatas
50 g de mantequilla
3 cucharadas de crème fraîche espesa
100 ml de leche

PREVIAMENTE

Lavar las patatas.

MUY IMPORTANTE

Sobre todo, nada de robot de cocina para esta receta, ya que el puré quedaría demasiado gomoso.

6 Añadir sal si es necesario y servir de inmediato.

RATATOUILLE AL HORNO

6 PERSONAS ✳ **PREPARACIÓN**: 25 MIN ✳ **COCCIÓN**: 40 MIN

① Lavar las verduras. Cortarlas en dados.

INGREDIENTES

3 tomates grandes o 6 pequeños
3 calabacines
2 berenjenas pequeñas
1 o 2 pimientos rojos o amarillos
1 o 2 cebollas
1 diente de ajo
2 cucharadas de aceite de oliva

1 cucharadita de azúcar
2 cucharaditas de vinagre
2 ramitas de albahaca
Sal y pimienta de molinillo

PREVIAMENTE

Precalentar el horno a 210 °C.

② Ponerlas en una fuente poco honda o en una placa de horno. Verter el aceite y mezclar con cuidado. Salpimentar.

④ Añadir el vinagre mezclado con el azúcar y la albahaca picada. Servir caliente o frío.

③ Hornear y dejar cocer 40 minutos.

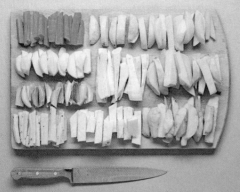

1 Lavar y pelar las hortalizas, y cortarlas en trozos alargados de tamaño uniforme.

HORTALIZAS AL HORNO

6 PERSONAS ✳ **PREPARACIÓN**: 25 MIN ✳ **COCCIÓN**: 1 H

INGREDIENTES

1,5 kg de hortalizas de raíz al gusto: (zanahorias, patatas, chirivías, tupinambos, nabos, apio nabo, colinabo...)
3 cucharadas de aceite de oliva
4 ramitas de tomillo
4 ramitas de perifollo
4 cucharadas de mascarpone
Sal y pimienta

PREVIAMENTE

Calentar el horno a 190 °C.

2 Colocarlas en una bandeja de horno. Rociarlas con aceite, añadir las ramitas de tomillo y mezclar bien.

3 Asar en el horno durante 1 hora.

4 Mezclar el mascarpone con el perifollo picado, salpimentar y servir sobre las hortalizas aún calientes.

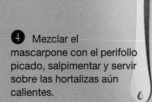

HORTALIZAS RELLENAS

4 PERSONAS ✳ **PREPARACIÓN:** 30 MIN ✳ **COCCIÓN:** 1 H 20

① Lavar las hortalizas. Vaciar los tomates, cortando la parte superior como un sombrero.

② Partir los calabacines a lo largo y vaciarlos, dejando unos 3-5 mm de pulpa.

③ Cortar un pimiento a lo largo, quitar las semillas.

④ Vaciar las cebollas.

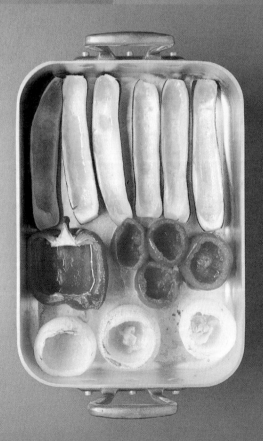

⑤ Poner todas las hotalizas, untadas con una cucharada de aceite, en una fuente y hornear durante 20 minutos.

INGREDIENTES

4 tomates medianos
3 calabacines
4 cebollas
2 pimientos rojos
5 cebollas tiernas o cebolletas
1 diente de ajo
6 ramitas de albahaca
40 g de parmesano

2 cucharadas de pan rallado
1 huevo
100 g de carne de ternera picada
3 cucharadas de aceite de oliva
Sal y pimienta

PREVIAMENTE

Calentar el horno a 200 °C.

6 Picar (en el robot o con un cuchillo) la pulpa de las hortalizas vaciadas.

7 Cortar en trozos pequeños las cebollas tiernas, el pimiento restante, el ajo y la albahaca.

8 Rehogar las cebollas tiernas en el resto del aceite, luego añadir los pimientos y rehogar 5 minutos más.

9 Añadir la pulpa de las hortalizas vaciadas. Remover otros 5 minutos.

10 Añadir la carne y dorar ligeramente. Añadir el parmesano rallado con el huevo. Espolvorear con pan rallado y sazonar.

11 Rellenar las hortalizas. Hornear durante 45 minutos.

CONSEJO
La cebolla y el pimiento pueden asarse de 15 a 20 minutos más, así quedarán más tiernos y menos crujientes.

VERSIÓN VEGETARIANA
Completar con la pulpa picada de 2 tomates, 2 calabacines y 2 pimientos más, y añadir otras hierbas picadas al gusto (un puñado) para darle más sabor.

VARIANTE DEL RELLENO
Mezclar 400 g de ricotta o de requesón con media cucharadita de pasta harissa y medio manojo de perejil. Rellenar las hortalizas asadas y dejar en el horno otros 20 minutos.

HORTALIZAS AL WOK

2 PERSONAS ✳ **PREPARACIÓN**: 15 MIN ✳ **COCCIÓN**: 3 MIN

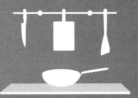

1 Separar las pencas de las hojas. Picarlo todo. Lavar los champiñones o las setas y cortarlos en láminas. Picar el ajo pelado y las cebollas tiernas.

2 Calentar el wok con el fuego al máximo. Verter el aceite cuando el wok esté caliente y humee. Echar las cebollas y el ajo. Remover durante 30 segundos.

INGREDIENTES

1 puñado de setas shitake, setas de cardo o champiñones
3 cebollas tiernas
3 pencas de acelgas con las hojas
1 diente de ajo
1 cucharada de salsa de soja

2 cucharadas de aceite vegetal
1 cucharadita de maicena

PREVIAMENTE

Calentar el horno a 220 °C.
Lavar las acelgas.

4 Incorporar la salsa de soja o de ostras mezclada con la maicena. Dejar cocer 1 minuto más y servir.

3 Añadir las pencas y las setas, y cocer removiendo sin cesar durante 2 minutos. Agregar las hojas y cocer 1 minuto más.

1 Pelar las cebollas, cortarlas por la mitad y luego en rodajas no demasiado finas.

2 Ponerlas en una sartén de paredes altas con la mantequilla o el aceite. Dejar rehogar 30-35 minutos a fuego suave.

3 Desenrollar la masa y pincharla con un tenedor. Marcar un borde de 1 cm. Repartir las cebollas rehogadas. Espolvorear con orégano. Repartir las anchoas.

PISSALADIÈRE

4 PERSONAS ✳ **PREPARACIÓN**: 15 MIN ✳ **COCCIÓN**: 1 H

INGREDIENTES

1 rollo de masa de hojaldre de mantequilla (200 g)
10 cebollas
3 cucharadas de aceite o 40 g de mantequilla

4 a 8 anchoas marinadas, si gustan
1 cucharadita de orégano seco

PREVIAMENTE

Precalentar el horno a 220 °C.
Cortar las anchoas en filetes pequeños.

4 Cocer en el horno durante unos 20 minutos, el tiempo para que se dore la masa. Servir con una ensalada verde.

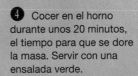

TEMPURA JAPONESA

4 PERSONAS ✳ **PREPARACIÓN**: 20 MIN ✳ **COCCIÓN**: 2 MIN

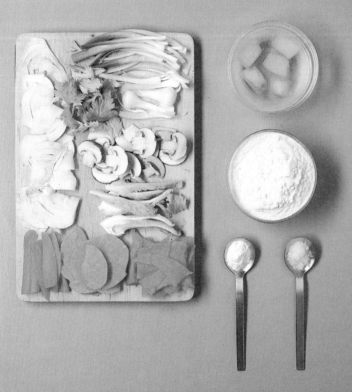

1 Poner al agua en un bol. Añadir la harina y la levadura. Mezclar solo un poco, deben quedar grumos de harina en la masa.

2 Sumergir las verduras en la masa.

INGREDIENTES

Verduras: hojas tiernas de apio, champiñones, setas de cardo, cebolletas, rodajas de boniato, rodajas de calabaza, flores de calabacín, etc.
225 g de harina
½ cucharadita de levadura química
250 ml de agua helada

Aceite para freír
Flor de sal

PREVIAMENTE

Cortar las verduras bien finas y secarlas muy bien. Calentar el aceite.

5 Escurrir sobre papel absorbente. Servir con flor de sal.

3 Sumergirlas en el aceite caliente. No poner demasiadas a la vez.

4 Al cabo de unos segundos, darles la vuelta y retirarlas antes de que se doren.

GUISANTES Y ZANAHORIAS

① Desgranar los guisantes. Limpiar las zanahorias y cortarlas en rodajas si son grandes. Si son zanahorias minis dejarlas tal cual.

② Pelar las cebolletas y cortarlas en rodajas muy finas. Cortar la panceta en trocitos. Cortar los cogollos en cuatro después de haber eliminado la base.

INGREDIENTES

1,5 kg de guisantes
3 zanahorias tiernas o un puñado de mini zanahorias muy tiernas
20 g de mantequilla
2-3 cebolletas pequeñas
100 g de panceta ahumada

1 o 2 cogollos o corazones de lechuga
200 ml de caldo de pollo o 1 cubito disuelto en agua
Una pizca de azúcar
Sal y pimienta

③ Derretir la mantequilla en una cocotte. Cocer las cebolletas a fuego medio-suave durante 5 minutos hasta que estén transparentes. Añadir la panceta y cocer otros 5 minutos aproximadamente. Verter el azúcar.

④ Añadir las verduras. Verter el caldo hasta cubrirlas. Cocer a fuego medio-suave lentamente durante 10-15 minutos.

⑤ Salpimentar si fuera necesario.

VARIANTES

Se pueden cocer las verduras más tiempo si gustan más tiernas. También se pueden escaldar las zanahorias, es decir cocerlas 5 minutos en agua hirviendo con sal, antes de añadirlas a los guisantes. Así tendremos unos guisantes más al dente, especialmente si son tiernos y poco harinosos, y unas zanahorias más blandas.

COCOTTE DE HORTALIZAS

6 PERSONAS ✳ **PREPARACIÓN**: 20 MIN ✳ **COCCIÓN**: 15 MIN

1 Lavar las verduras, rasparlas o pelarlas solo si es necesario.

2 Si son un poco grandes, cortarlas en trozos. Pelar las peras y las manzanas, cortarlas en cuartos y frotarlas con limón.

INGREDIENTES

8 zanahorias tiernas pequeñas o 4 grandes
8 nabos pequeños o 4-5 medianos
10 rábanos
8 cebolletas
2 manzanas

2 peras pequeñas
1 racimo de uvas pequeño
1 limón
2 puñados de espinacas tiernas
1 vaso de sidra
1 o 2 cucharadas de aceite de oliva
Sal y pimienta

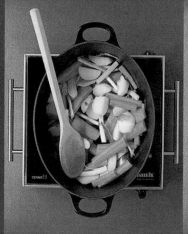

3 Calentar el aceite en una cocotte a fuego medio-fuerte. Poner las verduras. Remover durante 3 minutos.

4 Añadir las frutas. Reservar ½ pera y ½ manzana. Rehogar 2-3 minutos removiendo. Salpimentar.

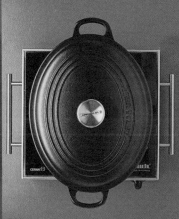

5 Añadir la sidra.

6 Tapar, bajar el fuego y dejar cocer no más de 10 minutos.

7 Añadir las hojas de espinacas, remover.

8 Rallar la ½ manzana y la ½ pera restantes.

9 Añadir la manzana y la pera ralladas y servir. Es delicioso servido con arroz integral con un chorrito de aceite de oliva.

CONSEJO

No hay que olvidarse de frotar la pera y la manzana con limón para que no se ennegrezcan.

VARIANTE

Sustituir las espinacas por rúcula para obtener un sabor más picante.

CUSCÚS DE HORTALIZAS

6 PERSONAS ✳ **PREPARACIÓN**: 25 MIN ✳ **COCCIÓN**: 45 MIN

1 Lavar, pelar y cortar las hortalizas en trozos grandes. Picar el ajo. Rallar la piel de la naranja.

2 Rehogar las cebollas en el aceite 5 minutos, añadir el ajo y remover. Agregar el ras el-hanout y remover.

3 Añadir las hortalizas cortadas y remover durante 5 minutos.

INGREDIENTES

4 zanahorias y 4 nabos
3 calabacines
1 rodaja de calabaza (o de calabaza butternut)
3 patatas
3 cebollas
2 dientes de ajo
3 cucharadas de aceite de oliva
1 rama de canela
1 pizca de azafrán

1 cucharadita de ras el-hanout
1 litro de caldo (2 o 3 cubitos)
2 latas de tomates de buena calidad
1 naranja
1 bote pequeño de garbanzos
6 cucharadas de pasas
pasta harissa
½ manojo de perejil
500 g de cuscús mediano
6 cucharadas de piñones
30 g de mantequilla

4 Agregar el caldo y los tomates. Llevar a ebullición.

5 Incorporar la rama de canela y la pizca de azafrán, la ralladura de naranja, los garbanzos escurridos y las pasas. Cocer 30 minutos.

6 Mientras se cuecen las hortalizas, preparar el cuscús. Cubrirlo con agua fría y dejarlo 10 minutos en remojo en una fuente honda. Luego separar los granos

7 Colocar en una cestilla de vapor sobre las hortalizas. Poner la mantequilla por encima en trozos pequeños.

8 Cocer al vapor, tapado, unos 20 minutos.

9 Servir las hortalizas, el caldo, el cuscús con los piñones por encima (tostados sin aceite en una sartén) y la pasta harissa para condimentar.

6

postres

BÁSICOS

A PUNTO DE NIEVE

DE FRUTAS

PASTELES Y TARTAS

CREPES

4 PERSONAS ✳ **PREPARACIÓN:** 15 MIN ✳ **REPOSO:** 1 H ✳ **COCCIÓN:** 30 MIN

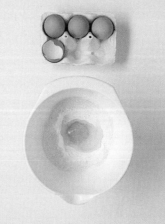

❶ Poner la harina en un cuenco. Añadir una pizca de sal, hacer un hueco y echar 1 huevo dentro.

❷ Mezclar con una cuchara de madera para incorporar la harina al huevo poco a poco. Continuar con los 3 huevos restantes.

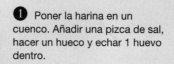

INGREDIENTES

400 ml de leche
120 g de harina
4 huevos
Sal
Mantequilla
Mantequilla salada

❸ Añadir la leche poco a poco.

❹ Poner en la nevera 1 hora como mínimo, tapando el cuenco con papel film.

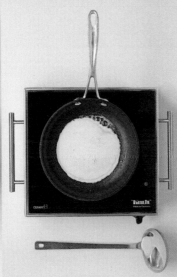

5 Calentar a fuego vivo una sartén antiadherente de 20 cm de diámetro. Untar la sartén generosamente con mantequilla.

6 Bajar a fuego medio. Verter un cucharón de masa.

7 El primer lado está cocido cuando la masa se despega sola; tarda más o menos 1 minuto.

8 Darle la vuelta con un golpe seco de muñeca o con una espátula. El segundo lado se cocerá en 30 segundos más o menos.

9 Deslizar la crepe en un plato y poner un poco de mantequilla por encima. Untar de nuevo la sartén con mantequilla antes de continuar con la crepe siguiente.

PASTEL DE CREPES

Hacer una pila de crepes que se van rociando con zumo de naranja levemente endulzado.

TORRIJAS

2 PERSONAS ✳ **PREPARACIÓN**: 10 MIN ✳ **COCCIÓN**: 25 MIN

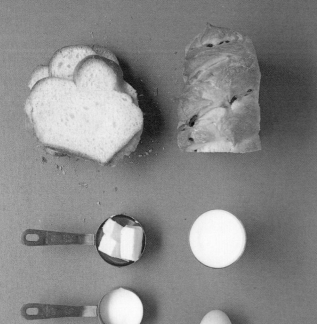

INGREDIENTES

4 rebanadas de pan o de brioche de
la víspera
1 vaso de leche
1 cucharadita de azúcar

1 huevo
25 g de mantequilla
Una pizca de canela
Azúcar para espolvorear

1 Batir el huevo. Mezclar la
leche con el azúcar.

2 Empapar el pan o el brioche
en la leche azucarada.

3 Pasarlo por el huevo batido.

4 Derretir la mantequilla en una
sartén a fuego medio.

6 Darle la vuelta y cocer
otros 3 minutos. Espolvorear
con azúcar y canela y comer
de inmediato.

5 Freír el pan o el brioche
en la mantequilla caliente,
unos 3 minutos por un lado.

ARROZ CON LECHE

4 PERSONAS ✳ **PREPARACIÓN**: 5 MIN ✳ **COCCIÓN**: 35 MIN

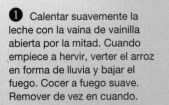

1 Calentar suavemente la leche con la vaina de vainilla abierta por la mitad. Cuando empiece a hervir, verter el arroz en forma de lluvia y bajar el fuego. Cocer a fuego suave. Remover de vez en cuando.

2 Cuando se haya absorbido casi toda la leche (25 minutos), apagar el fuego, tapar y dejar reposar 10 minutos hasta que el arroz absorba el resto de la leche.

INGREDIENTES

100 g de arroz de grano redondo
1 l de leche
1 cucharada de crème fraîche

1 vaina de vainilla
1 o 2 cucharadas de azúcar
15 g de mantequilla

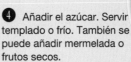

3 Añadir la mantequilla y la crème fraîche, o solo una de las dos, remover.

4 Añadir el azúcar. Servir templado o frío. También se puede añadir mermelada o frutos secos.

ISLAS FLOTANTES

3 PERSONAS ✳ **PREPARACIÓN**: 15 MIN ✳ **COCCIÓN**: 20 MIN

1 Preparar la crema inglesa (página 138).

2 Repartirla en cuencos o moldes pequeños y dejar enfriar antes de meterlos en la nevera.

INGREDIENTES
1 litro de leche
3 claras de huevo
3 cucharadas de azúcar
1 pizca de sal

CARAMELO
2 cucharadas de agua
3 cucharadas de azúcar

CREMA INGLESA
350 ml de leche
3 yemas de huevo
2 cucharadas de azúcar
1 vaina de vainilla

3 Poner las claras en un cuenco grande con la pizca de sal.

4 Batir las claras a punto de nieve. Añadir el azúcar y batir de nuevo.

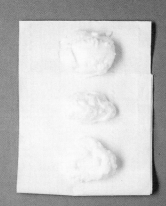

5 Calentar la leche. Cuando empiece a hervir, bajar el fuego para mantener el hervor suave; luego, escalfar las claras 2 minutos por cada lado.

6 Poner las claras escalfadas sobre un papel de cocina absorbente. Colocarlas después en los cuencos, sobre la crema.

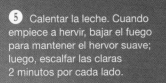

7 Preparar el caramelo: poner el agua y el azúcar en un cazo pequeño y calentar.

8 Cuando empiece a dorarse, verterlo rápidamente sobre las islas flotantes.

9 Servir de inmediato.

TÉCNICA DE ESCALFADO

Coger grandes cucharadas de claras a punto de nieve, ponerlas en la leche, darles la vuelta al cabo de 2 minutos, dejar cocer 2 minutos más.

MOUSSE DE CHOCOLATE

6 PERSONAS ✳ **PREPARACIÓN**: 20 MIN ✳ **COCCIÓN**: 3 MIN ✳ **REPOSO**: 3 H

INGREDIENTES

200 g de chocolate negro, más un
poco para decorar
4 huevos
150 ml de nata líquida entera

1 Romper el chocolate y
ponerlo en un bol. Añadir
2 cucharadas de agua. Hervir
agua en un cazo. Retirarlo del
fuego y poner el bol encima.
Derretir el chocolate removiendo
para alisarlo.

2 Separar las claras de las
yemas de los huevos. Añadir las
yemas al chocolate y mezclar
bien.

3 Montar la nata líquida.

4 Añadir la nata montada al
chocolate.

7 Verter la mousse
en un bol y ponerla
en la nevera por lo
menos 2-3 horas
antes de servir.

5 Batir las claras a punto de
nieve.

6 Añadirlas al chocolate,
primero una cuarte parte
removiendo bien, luego el resto
progresivamente y con delicadeza,
cortando y levantando la mezcla.

1 Untar con mantequilla un molde de suflé no demasiado grande. Disponer una tira de papel de horno alrededor de los bordes, como para hacer el molde más alto.

2 También se pueden utilizar varios ramequines pequeños y prepararlos de la misma manera.

FALSO SUFLÉ DE LIMÓN

4 PERSONAS ✳ **PREPARACIÓN**: 20 MIN ✳ **COCCIÓN**: 20 MIN ✳ **REPOSO**: 5 H

3 Poner la ralladura de limón, el zumo, el azúcar y las yemas al baño María. Batir 5 minutos hasta que se espese.

4 Retirar del fuego y batir otros 5 minutos. Disolver la gelatina, ya hidratada, en 4 cucharadas de agua hirviendo y añadirla.

5 Montar la nata líquida.

6 Incorporar delicadamente la nata montada a la mezcla de huevos.

INGREDIENTES

4 huevos
150 g de azúcar
2 limones
300 ml de nata líquida entera
5 hojas de gelatina de 2 g cada una

PREVIAMENTE

Poner en remojo la gelatina en agua fría.

7 Batir las claras a punto de nieve. Si se utiliza el mismo batidor de antes, limpiarlo bien.

8 Incorporarlas delicadamente a la mezcla anterior.

9 Verter en el molde grande o en los pequeños. Dejar cuajar en la nevera unas 5 horas aproximadamente. Retirar la tira de papel y tendrá el aspecto de un suflé que se ha inflado y sobrepasado el molde.

MERENGUE PAVLOVA

6 PERSONAS ✳ **PREPARACIÓN**: 45 MIN ✳ **COCCIÓN**: 4 H

1 Separar las claras y las yemas de los huevos.

2 Batir las claras a punto de nieve.

3 Cuando estén firmes, añadir progresivamente 200 g de azúcar. Batir para que las claras estén brillantes y muy firmes.

INGREDIENTES

2 frutas de la pasión
1 lima
1 limón
4 huevos
300 g de azúcar

100 g de mantequilla
200 ml de nata líquida

PREVIAMENTE

Precalentar el horno a 90 °C.

4 Sobre una placa antiadherente untada con aceite, con una cuchara formar merengues. Hornear 4 horas, los merengues deben secarse, no cocerse.

5 En un bol puesto al baño María, poner la ralladura y el zumo de la lima y del limón, la pulpa de la fruta de la pasión (reservar ½ fruta), el azúcar restante, la mantequilla y las yemas.

6 Batir con el bol encima de la cacerola con agua hirviendo.

7 Remover sin parar hasta obtener una crema que cubra el dorso de una cuchara. Pasarla a un recipiente y dejar enfriar, luego dejar 1 hora en la nevera.

8 Montar la nata líquida bien firme.

9 Servir cada merengue con la salsa por encima y la nata montada al lado. Añadir un poco de pulpa de la fruta de la pasión reservada.

CONSEJO

Para la cocción de los merengues, lo mejor es tomarse su tiempo. Se puede adaptar la cocción a los gustos, si se prefieren más secos o un poco blandos/pegajosos por dentro. En este caso se pueden cocer durante menos tiempo, 2 horas con el horno un poco más caliente, a 110-120 °C.

CREMA QUEMADA DE RUIBARBO

POUR 4 PERSONAS ✳ **PREPARACIÓN**: 25 MIN ✳ **COCCIÓN**: 1 H

1 Poner el ruibarbo en una fuente de horno con 3 cucharadas de azúcar.

2 Cocer 30 minutos. Bajar el horno a 140 °C.

INGREDIENTES

200 g de azúcar
1 vaina de vainilla
300 ml de nata líquida entera
200 ml de leche
8 yemas de huevo
300 g de ruibarbo congelado

PREVIAMENTE

Precalentar el horno a 180 °C.

3 Poner la nata y la leche en un cazo. Añadir la vaina de vainilla abierta por la mitad, raspar las semillas dentro de la mezcla de leche y nata. Llevar a ebullición suavemente.

4 Batir las yemas de huevo con 5 cucharadas de azúcar hasta que la mezcla blanquee y haga espuma.

5 Añadir la mezcla de leche y nata poco a poco, sin dejar de batir.

6 Poner la fuente de horno con el ruibarbo dentro de otra fuente de horno más grande con agua hasta a media altura. Verter la crema sobre el ruibarbo. Cocer 25 minutos. Dejar enfriar y poner en la nevera.

7 En el momento de servir, precalentar el gratinador del horno al máximo y espolvorear con azúcar.

8 Dejar caramelizar y servir.

VARIANTE
En lugar de usar azúcar blanquilla, es muy bueno con azúcar mascabado de caña.

CONSEJO
Es importante que la crema esté bien fría antes de ponerla en el gratinador.

UTENSILIO
A menudo el gratinador del horno no funciona demasiado bien. Lo ideal es un soplete especial que se puede encontrar en tiendas especializadas en utensilios de cocina.

TRIFLE ITALIANO

4 PERSONAS ✳ **PREPARACIÓN**: 45 MIN ✳ **COCCIÓN**: 10 MIN

INGREDIENTES

4 rebanadas de bizcocho o de
pandoro
4-5 galletas amaretti
1 vaso de moscatel y 1 chorro de
Grand Marnier

500 g de frambuesas
350 ml de leche
3 yemas de huevo
4 cucharadas de azúcar
1 vaina de vainilla
300 ml de nata para montar

1 Preparar la crema inglesa: calentar la leche con la vaina de vainilla
abierta por la mitad en un cazo pequeño.

2 En un cazo más grande, batir
las yemas y el azúcar.

4 Volver a calentar a fuego
lento y remover sin parar hasta
que la crema se espese. Dejar
enfriar.

3 Verter encima la leche casi
hirviendo y batir.

5 Poner el bizcocho troceado
en el fondo de un cuenco no muy
hondo y rociar con moscatel y
Grand Marnier.

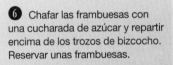

6 Chafar las frambuesas con una cucharada de azúcar y repartir encima de los trozos de bizcocho. Reservar unas frambuesas.

7 Montar la nata.

8 Mezclar un tercio de la nata montada con la crema inglesa.

9 Repartir la crema por encima de las frambuesas.

10 Terminar con la nata montada restante.

11 Poner en el frigorífico hasta el día siguiente. Decorar con las frambuesas o con almendras fileteadas

VARIANTE
Este postre también está buenísimo con fresas.

CRUMBLE DE MANZANAS Y PERAS

4 PERSONAS ✳ **PREPARACIÓN**: 15 MIN ✳ **COCCIÓN**: 35 MIN

1 Poner la harina y la mantequilla en un cuenco grande.

2 Mezclar la mantequilla y la harina con la punta de los dedos para formar migas.

3 Añadir el azúcar y mezclar.

4 Poner la compota en una fuente de horno y, por encima, las peras en rodajas rociadas con zumo de limón.

INGREDIENTES

Compota de manzanas (página 142)
1 vaina de vainilla
3 peras
1 limón
150 g de harina
120 g de mantequilla salada

1-2 cucharadas de azúcar
2 cucharadas de almendras fileteadas
Crème fraîche para servir

PREVIAMENTE

Calentar el horno a 190 °C.

6 Hornear durante 35 minutos. Servir con crème fraîche.

5 Esparcir las migas sobre las peras. Espolvorear con las almendras fileteadas.

PASTEL BRETÓN DE CIRUELAS PASAS

4 PERSONAS * **PREPARACIÓN**: 10 MIN * **COCCIÓN**: 40 MIN

1 Batir juntos todos los ingredientes, salvo las ciruelas pasas y el ron.

2 Untar con mantequilla una fuente de horno no muy grande. Poner las ciruelas (con el ron) y verter la mezcla encima.

INGREDIENTES

4 huevos
75 g de harina
50 g + 1 cucharada de azúcar
200 ml de crème fraîche espesa
(o de nata líquida para una versión más ligera)
200 ml de leche

Una pizca de sal
25 g de mantequilla salada
1 cucharada de ron
350 g de ciruelas pasas sin hueso

PREVIAMENTE

Remojar las ciruelas pasas en el ron.
Calentar el horno a 200 °C.

3 Hornear durante 40 minutos. La crema debe haber subido, y estar cuajada y dorada.

4 Es normal que el pastel se hunda al enfriarse. Espolvorear con la cucharada de azúcar reservada y servir tibio o frío.

MANZANAS AL HORNO

4 PERSONAS ✳ **PREPARACIÓN**: 10 MIN ✳ **COCCIÓN**: 40 MIN

INGREDIENTES
8-12 manzanas preferiblemente reinetas
40 g de mantequilla salada
1 vaina de vainilla

PREVIAMENTE
Calentar el horno a 190 °C.

EN COMPOTA
Si se prefiere, sacar la pulpa a las manzanas asadas con una cuchara. Raspar los trozos de vainilla para recuperar las semillas y mezclarlas en la compota.

1 Lavar y vaciar las manzanas con un cuchillo puntiagudo o un vaciador especial. Ponerlas en una fuente de horno.

2 Cortar la vaina de vainilla por la mitad, trocear y poner un pedazo dentro de cada manzana con una nuez de mantequilla.

3 Hornear unos 40 minutos. Sacar las manzanas del horno. Pueden comerse tal cual con un poco de crème fraîche o queso blanco.

PERAS BELLA HELENA

4 PERSONAS ✳ PREPARACIÓN: 15 MIN ✳ COCCIÓN: 20 MIN

1 Calentar agua en un cazo con el azúcar. Cuando el agua empiece a hervir, poner las peras y cocer unos 10 minutos, hasta que la punta del cuchillo se hunda fácilmente.

INGREDIENTES

4-6 peras no demasiado maduras y firmes
2 cucharadas de azúcar
200 g de chocolate
2 cucharadas de crème fraîche
500 ml de helado de vainilla

PREVIAMENTE

Pelar y vaciar las peras.

2 Fundir el chocolate al baño María: ponerlo en un cuenco pequeño dentro de un cazo con agua hirviendo, fuera del fuego.

3 Añadir la crème fraîche al chocolate fundido.

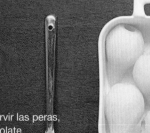

4 Servir las peras, el chocolate y el helado de vainilla.

FRESAS BALSÁMICAS

4 PERSONAS ✳ **PREPARACIÓN**: 10 MIN ✳ **REPOSO**: 1 H

INGREDIENTES

2 cestitas de fresas
3 cucharadas de azúcar
3 cucharadas de vinagre balsámico

1 Lavar las fresas y quitarles el rabito.

4 Mezclar delicadamente, dejar reposar entre media y una hora y servir.

2 Mezclar el vinagre balsámico y el azúcar en un bol.

3 Cortar las fresas en trozos. Ponerlas en el bol.

1 Untar generosamente con mantequilla un molde para la tarta y espolvorearlo con 25 g de azúcar mascabado.

2 Estirar la masa, forrar el molde. Cubrir con un papel de horno y llenar el fondo con bolas de cerámica o legumbres secas.

3 Cocer la base de la tarta unos 20 minutos hasta que empiece a dorarse. Repartir por encima el chocolate picado.

4 Pelar las peras, retirar el tallo y el corazón, restregarlas ligeramente con limón, cortarlas en láminas y alinearlas sobre el fondo de chocolate.

INGREDIENTES

250 g de masa brisa casera o de falso hojaldre (página 146)
5-6 peras maduras en su punto o, si son duras, escalfarlas como en la receta de Bella Helena (página 143)
100 g de chocolate negro
40 g de mantequilla
1 huevo

150 g de crème fraîche o de nata líquida
75 g de azúcar mascabado
1 limón
1 vaina de vainilla

PREVIAMENTE

Precalentar el horno a 190 °C.

5 Batir la crème fraîche, el huevo y 25 g de azúcar mascabado, añadir las semillas de la vaina de vainilla (cortarla por la mitad y rasparla con un cuchillo pequeño). Verter esta mezcla sobre las peras.

6 Bajar el fuego a 180 °C y cocer 25 minutos aproximadamente, hasta que la superficie empiece a dorarse ligeramente.

7 Precalentar el gratinador del horno. Repartir el azúcar mascabado restante y gratinar para que se caramelice un poco. ¡Vigilar porque se quema rápido! También se puede utilizar un soplete de pastelería.

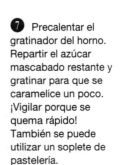

FALSA MASA DE HOJALDRE

500 G DE MASA ✳ **PREPARACIÓN**: 15 MIN ✳ **REPOSO**: 1 H

① Mezclar la harina con la sal.

INGREDIENTES

350 g de harina
225 g de mantequilla puesta en el
congelador 30-45 minutos
Una buena pizca de sal
60 ml de agua bien fría

NOTA

Esta masa se conserva de 3 a 4 días
en la nevera y se puede congelar sin
problema.

② Rallar la mantequilla con un rallador de agujeros grandes dentro
de la harina, manteniéndola envuelta y metiéndola en la harina de vez
en cuando.

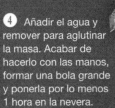

④ Añadir el agua y
remover para aglutinar
la masa. Acabar de
hacerlo con las manos,
formar una bola grande
y ponerla por lo menos
1 hora en la nevera.

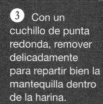

③ Con un
cuchillo de punta
redonda, remover
delicadamente
para repartir bien la
mantequilla dentro
de la harina.

① Pelar las frutas, retirar el corazón, cortarlas en trozos. Precocer los membrillos en agua hirviendo de 15 a 20 minutos.

② Colocar un molde de tarta resistente al fuego sobre la placa de cocción. Poner dentro la mantequilla y el azúcar.

③ Dejar calentar hasta que la mezcla se caramelice. Vigilar que no se queme.

④ Disponer los membrillos escurridos y las manzanas bien apretados en el molde.

⑤ Estirar la masa.

⑥ Cubrir las frutas con la masa, cortar los bordes y meterlos hacia el interior.

TATIN DE MANZANAS Y MEMBRILLO

4 A 6 PERSONAS ✳ **PREPARACIÓN**: 25 MIN ✳ **COCCIÓN**: 1 H 15

INGREDIENTES

4 manzanas
4 membrillos
1 falsa masa de hojaldre (página 146)
4 cucharadas de azúcar
60 g de mantequilla
Crème fraîche para servir

PREVIAMENTE

Precalentar el horno a 190 °C.

⑦ Hornear 45 minutos aproximadamente. Darle la vuelta a la tarta.

⑧ Servir la tarta acompañada con un poco de crème fraîche.

VARIANTES

Regar las manzanas con 1 cucharadita de agua de rosas y decorar con pétalos de rosa. En lugar de membrillos, se pueden utilizar peras.

TARTA DE QUESO

6 PERSONAS ✳ **PREPARACIÓN**: 30 MIN ✳ **COCCIÓN**: 55 MIN ✳ **REPOSO**: 1 H

INGREDIENTES

150 g de galletas sablés
50 g de mantequilla
50 g de coco rallado
750 g de queso fresco tipo
Philadelphia®
150 g de azúcar
2 cucharadas de harina
2 limas, la ralladura y el zumo

1 limón
4 huevos
125 g de crème fraîche espesa
1 vaina de vainilla

PREVIAMENTE

Precalentar el horno a 180 °C.

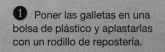

❶ Poner las galletas en una bolsa de plástico y aplastarlas con un rodillo de repostería.

❷ Derretir la mantequilla y mezclarla con las migas de galleta y el coco.

❸ Compactar la mezcla en un molde para tarta. Hornear 10 minutos.

❹ Retirar del fuego y bajar la temperatura a 140 °C.

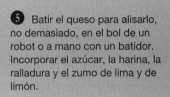

5 Batir el queso para alisarlo, no demasiado, en el bol de un robot o a mano con un batidor. Incorporar el azúcar, la harina, la ralladura y el zumo de lima y de limón.

6 Añadir los huevos de uno en uno.

7 Añadir la crème fraîche.

8 Verter en el molde y hornear de 45 minutos a 1 hora, hasta que los bordes estén firmes pero el centro todavía tiemble un poco.

9 Dejar reposoar 1 hora en el horno apagado. Dejar enfriar fuera del horno. Desmoldar, guardar en la nevera hasta el día siguiente.

PRESENTACIÓN
Servir la tarta con un coulis de frambuesas o con lemon curd de bote.

OPCIÓN
Servir uno o dos días después de hacerlo, es todavía mejor.

VARIANTE
Se puede preparar una versión un poco más esponjosa y ligera separando las claras de las yemas, incorporando las yemas y al final de todo las claras batidas a punto de nieve.

SELVA NEGRA

10 PERSONAS ✳ **PREPARACIÓN**: 1 H 30 ✳ **COCCIÓN**: 30 MIN ✳ **REPOSO**: 1 H

① Separar las claras de las yemas. Batir las yemas con el azúcar hasta que la mezcla se blanquee y esté espumosa.

② Incorporar el cacao tamizado.

③ Batir las claras a punto de nieve.

INGREDIENTES

1 mousse de chocolate (v. cantidad en la página 132)
250 ml de nata líquida entera
12 huevos
300 g de azúcar
100 g de cacao en polvo, más un poco para espolvorear
100 g de chocolate negro
200 g de cerezas al kirsch, o cerezas en almíbar con 4 cucharadas de

kirsch o de otro alcohol
2 cucharadas de mermelada de cerezas o de albaricoque
Un poco de mantequilla para untar la placa

PREVIAMENTE

Precalentar el horno a 180 °C.

④ Añadirlas a la mezcla, primero una cuarta parte removiendo bien, luego el resto progresivamente y con delicadeza, levantando la mezcla con una cuchara.

⑤ Verter esta masa sobre una placa forrada con papel de horno untado con mantequilla; derretida o reblandecida, aplicarla sobre el papel con un pincel.

8 Para hacer las virutas, derretir el chocolate picado al baño María. Extenderlo sobre el reverso de un plato y ponerlo 1 hora en la nevera.

6 Cocer 20 minutos. Retirar del horno, dejar enfriar. Darle la vuelta sobre una hoja de papel de horno espolvoreada con cacao. Recortar dos círculos iguales. Cortar los sobrantes en trozos.

7 Montar la nata.

9 Hacer las virutas con un cortador de queso o con un cuchillo afilado sosteniéndolo con las dos manos y raspando la superficie del chocolate. Reservar en la nevera.

10 Para montar el pastel, poner el bizcocho sobre el plato de servir. Escurrir las cerezas y verter la mitad del almíbar sobre el bizcocho, luego extender la mitad de la mousse, de la nata montada y de las cerezas.

11 Poner una capa de los trozos cortados de los sobrantes de bizcocho dentro de la nata, añadir la otra mitad de mousse, de nata y de cerezas, poner el segundo disco de bizcocho y regar con el kirsch restante.

12 Calentar la mermelada en un cazo lentamente. Recubrir la superficie del pastel.

13 Repartir las virutas sobre el pastel. Espolvorear el resto del cacao.

14 Servir de inmediato o guardar el pastel en la nevera.

⁂ 7 ⁂

apéndices

glosario

AL DENTE

Expresión italiana que describe la textura todavía ligeramente firme de un arroz, unas judías verdes o una pasta, que se nota «crujiente», no demasiado cocida.

ARROZ

Para el arroz con leche y el risotto, escoger un arroz de grano redondo (arborio, vialone nano...). Para un arroz pilaf, un arroz de grano largo como el basmati, muy aromático.

ASAR

Cocer ingredientes enteros o en trozos grandes (carne, verduras, frutas, supremas de pescado) destapados y sin líquido en el horno, con o sin un asador. A menudo se pone algo de materia grasa para que se dore y para evitar que se seque.

BAÑO MARÍA

Los alimentos que se cuecen o se calientan están en un recipiente puesto dentro de una cacerola de agua hirviendo a fuego bajo, o fuera del fuego. Así se consigue un calor muy suave sin peligro de que se quemen los ingredientes. Es perfecto para derretir chocolate por ejemplo, y también para emulsionar una mezcla a base de huevos en algunas recetas como un sabayón o algunas salsas.

BULGUR

Trigo triturado. Tiene una textura más interesante que el cuscús para las ensaladas.

CALDO

Lo mejor es hacerlo casero, pero si no tenemos, utilizar cubitos o caldo en polvo. Las variedades ecológicas tienen la ventaja de no contener potenciadores de sabor artificiales. Calcular aproximadamente un cubito para medio litro de agua.

CEVICHE

Plato sudamericano de pescado crudo aliñado con zumo de cítricos.

CLARAS A PUNTO DE NIEVE

Para que queden bien montadas, no debe quedar ningún residuo de yema ni de grasa en el bol. Batir más deprisa al final para «apretar» las claras y que queden bien firmes antes de incorporarlas a la preparación escogida.

COCER A FUEGO LENTO

Dejar cocer un alimento a fuego suave, a pequeños hervores.

ESCALFAR

Sumergir un ingrediente en agua, leche, un almíbar... cuando rompa a hervir para cocerlo. Por ejemplo, peras, claras de huevo para hacer islas flotantes, un huevo.

ESCAMAR

Pedirle al pescadero que lo haga.

ESPINAS

Se pueden quitar las espinas de un filete de pescado estirándolas con los dedos, o mejor aún con unas pinzas que solo utilizaremos para eso.

ESTOFAR

Cocer una carne, unas verduras, etc. en un recipiente tapado (generalmente una cocotte) a temperatura muy baja y en un líquido (caldo, agua, vino, sidra...).

HORTALIZAS RAÍCES

Se encuentran cada vez más en los mercados de invierno. A pesar de su aspecto poco atractivo, una vez limpias y peladas son fáciles de cocinar y su sabor es delicioso.

LECHE DE COCO

La de tetrabrik es más cremosa y fácil de utilizar que la de bote, que tiende a «separarse». Pero no pasa nada, basta con mezclarla.

MANTEQUILLA

Puede ser con sal o sin sal, como se prefiera, incluso para los pasteles.

MIGAS

Es la manera de empezar la masa brisa o los crumbles. La idea es frotar con la punta de los dedos la mantequilla cortada en trozos con la harina, de manera que se formen migas o, dicho de otra manera, una especie de arena no demasiado fina.

MOZZARELLA

Escoger la de búfala, es mucho más sabrosa.

NATA MONTADA

Para obtenerla, basta con batir nata líquida entera bien fría. Es más fácil con una batidora eléctrica pero se puede hacer a mano. Azucararla al gusto y aromatizarla con vainilla, Grand Marnier, etc.

PAN RALLADO

Se puede comprar ya hecho o, mejor, triturar pan duro con un robot o machacarlo con un rodillo de repostería. También se puede hacer pan rallado con pan tierno, pero la textura será menos uniforme.

PANCETA

Hoja de tocino entreverado con magro.

PANCETA AHUMADA

Es preferible comprarla en lonchas que en taquitos ya cortados.

PANDORO

Un pastel italiano grande estilo panettone pero sin las pasas ni las frutas confitadas, típico de las fiestas de Navidad. Se puede usar como un bizcocho genovesa y empaparlo para los postres.

PREPARACIÓN BASE

Preparación que luego se cuece, por ejemplo la mezcla de nata, leche y huevos para una quiche, la masa de un pastel...

REDUCIR

Hacer disminuir el volumen de un líquido haciéndolo hervir.

REHOGAR

Cocer a fuego moderado, en una materia grasa, alimentos cortados en trocitos, removiéndolos de vez en cuando para que tomen color.

SALTEAR

Hacer cocer rápidamente, en una sartén o un wok, a fuego moderado o fuerte, en general con un poco de materia grasa, alimentos cortados en trocitos, removiéndolos con un utensilio o sacudiendo la sartén.

SOASAR

Poner un alimento (en general carne o pescado) sobre una sartén muy caliente para cocer a fuego vivo un lado, luego el otro.

VAINILLA

Es preferible escoger la vaina (abrirla por la mitad y raspar las semillas con un cuchillo pequeño) o el extracto natural. Es mucho mejor.

índice de recetas

* 1 *
CLÁSICOS

* 2 *
PASTA Y ARROZ

* 3 *
CARNES

índice de ingredientes

índice temático

Descarga en tu iPad o iPhone la aplicación de
Escuela de Cocina con 114 deliciosas recetas, todas ellas
explicadas paso a paso y acompañadas con fotos, consejos e
instrucciones precisas para que consigas unos platos excelentes.
Además, incluye cronómetro que te indica cuándo pasar a
la siguiente etapa de la receta.

Título original: *Les Basiques*

Primera edición: septiembre de 2015

© 2014, Hachette Livre (Marabout)
© 2015, Penguin Random House Grupo Editorial, S.A.U.
Travessera de Gracia, 47-49. 08021 Barcelona
© 2015, Gemma Moral Bartolomé y Àngels Polo Mañá, por la traducción

Estilismo: Sonia Lucano
Maquetación: Chimène Denneulin
Edición: Audrey Génin
Redacción: Véronique Dussidour

Fotocomposición: gama, sl

ISBN: 978-84-16220-70-0

Depósito legal: B-10591-2015

Impreso en Toppan Lefung, China

D O 2 0 7 0 0

Penguin
Random House
Grupo Editorial